SUCCESSION

EDOUARD LIÈVRE

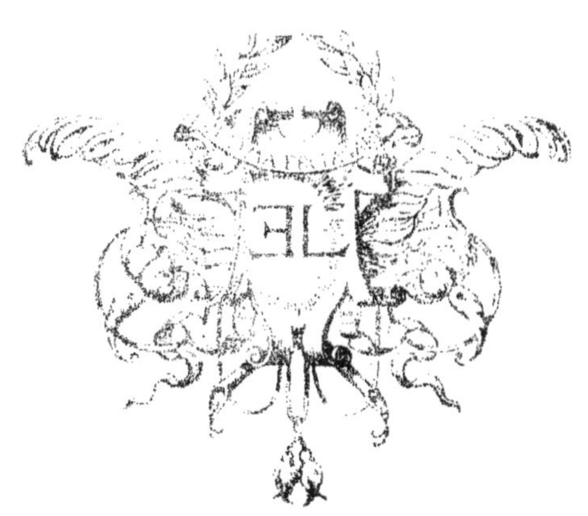

PARIS — [illegible]

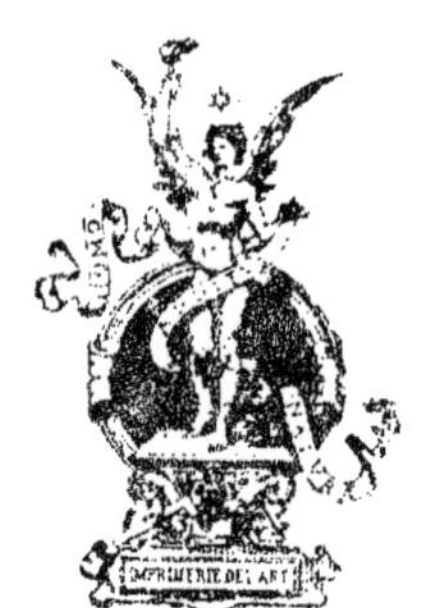
IMPRIMERIE DE L'ART

SUCCESSION

ÉDOUARD LIÈVRE

PARIS. — IMPRIMERIE DE L'ART

E. MÉNARD ET J. AUGRY, 41, RUE DE LA VICTOIRE

CATALOGUE

DES

MEUBLES D'ART

EN BOIS SCULPTÉ ET ORNÉS DE BRONZES

STYLES RENAISSANCE, LOUIS XVI

Et dans le goût japonais

ŒUVRES DÉCORATIVES D'ÉDOUARD LIÈVRE

MEUBLES ANCIENS

Bronzes et Émaux cloisonnés — Porcelaines — Poteries

De l'Extrême-Orient

Bronzes de Barbedienne — Faïences de Deck et autres européennes

Étoffes — Tentures — Tapis d'Orient

TABLEAUX — ÉTUDES — DESSINS

LE TOUT DÉPENDANT

de la Succession de feu M. ÉDOUARD LIÈVRE

ET DONT LA VENTE AURA LIEU

HOTEL DROUOT, SALLES Nos 8 & 9

Les Lundi 21, Mardi 22, Mercredi 23 et Jeudi 24 Mars 1887

A DEUX HEURES

Par le Ministère de

Me L. LÉMON	Me P. CHEVALLIER
COMMISSAIRE-PRISEUR	COMMISSAIRE-PRISEUR
7, rue Drouot, 7	10, rue de la Grange-Batelière, 10

Assistés de

M. CH. MANNHEIM	M. A. BLOCHE
EXPERT	EXPERT
7, rue Saint-Georges, 7	23, rue Chauchat, 23

Chez lesquels se trouve le présent Catalogue.

EXPOSITIONS

PARTICULIÈRE	PUBLIQUE
Le Samedi 19 Mars 1887	Le Dimanche 20 Mars 1887
DE 1 H 1/2 A 5 H. 1/2	DE 1 H. A 5 H.

CONDITIONS DE LA VENTE

Elle sera faite au comptant.

Les acquéreurs paieront, en sus des adjudications, cinq centimes par franc applicables aux frais.

L'exposition mettant le public à même de se rendre compte de l'état des objets, aucune réclamation ne sera admise une fois l'adjudication prononcée.

NOTA. — *La vente des ouvrages illustrés de M. Édouard Lièvre, des gravures et estampes anciennes et modernes formant sa collection particulière, aura lieu à une époque qui sera prochainement indiquée.*

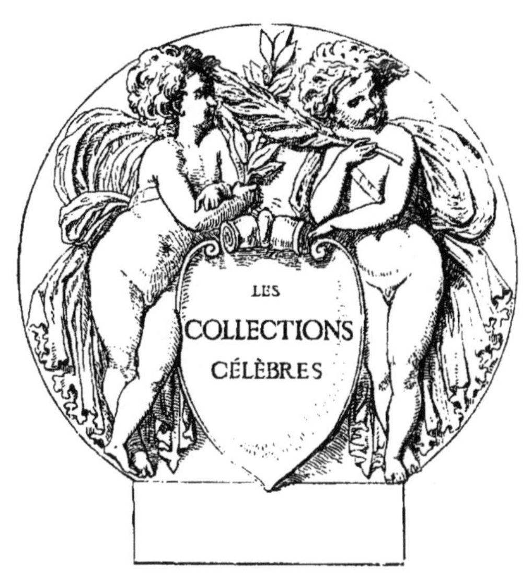

ÉDOUARD LIÈVRE

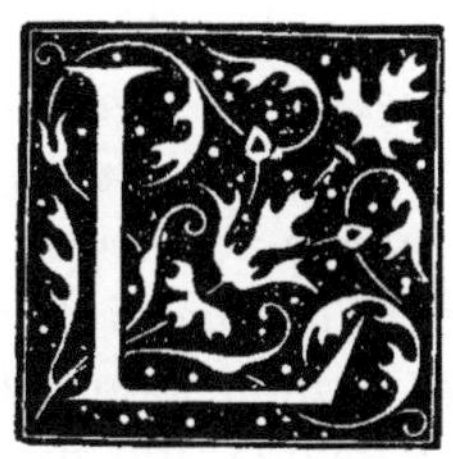

es amis personnels d'Édouard Lièvre ne seront pas les seuls à se rappeler son nom. Même en un temps où l'on oublie vite, tous ceux dont l'art est la préoccupation constante garderont un fidèle souvenir à ce grand travailleur qui a paru disperser sa force parce qu'il l'a appliquée à des recherches très diverses, mais qui a su donner à sa vie une parfaite unité, puisqu'elle a été entièrement consacrée à l'étude et à la glorification des belles choses. Un mot résumera son effort. Édouard Lièvre n'a jamais voulu croire que les élégances de la forme et de la couleur fussent fatalement condamnées à obéir à la loi d'un type unique ; très touché et très instruit des grandes créations d'autrefois, infiniment respectueux pour les maîtres éternels, il n'admettait pas que le présent dût être le captif du passé, et, à la suite de longues recherches, dont quelques-uns d'entre nous ont été les confidents et les témoins, il est parvenu à donner à sa pensée les séductions d'un vêtement nouveau.

Les débuts d'Édouard Lièvre furent des plus modestes. Né à Blamont (Meurthe) en 1829, il avait été placé tout enfant dans une imprimerie lithographique de Nancy. Il y prit le goût des images, ce qui est le commencement de la sagesse. En même temps, il apprenait à dessiner, ce qui est le devoir de tout honnête homme. Enrôlé, malgré sa jeunesse, dans le personnel d'une fonderie voisine de Vaucouleurs, il vit à l'œuvre les ouvriers du métal, et il était déjà assez habile pour reproduire, avec la plume ou le crayon, les pièces d'art décoratif qui sortaient de cette grande usine. Il rêvait pourtant des destins meilleurs ; un beau jour, il arriva à Paris, le cœur plein d'espérance et la bourse presque vide.

Il fallait vivre. Pour des sommes dont la modicité éveillerait le sourire aux lèvres des financiers d'aujourd'hui, l'artiste futur fit des portraits, des modèles destinés aux fabricants de bronze et aussi des éventails, car il était devenu aquarelliste. La peinture à l'eau et la gouache lui avaient été enseignées par un maître que Théophile Gautier tenait en grande estime, Théodore Valério. Dès 1847, c'est-à-dire à dix-huit ans, il savait déjà le métier. Lors d'un voyage qu'il fit à cette époque en Belgique, il peignit à l'aquarelle une copie de l'Allégorie de la Fécondité, un des plus beaux Jordaens du musée de Bruxelles. Lièvre aimait les coloristes, et, bien qu'elle lui ait été plus d'une fois demandée, il avait tenu à conserver cette page de sa jeunesse. Ses œuvres de début inspiraient confiance à ses rares protecteurs. Dans une lettre que nous avons sous les yeux (23 mars 1849), Béranger lui prédisait d'heureux succès pour l'avenir : le poète ne s'est pas trompé.

Un peu plus tard, Édouard Lièvre, à qui le titre de peintre n'aurait pas déplu, travailla quelque temps avec Thomas Couture, dont il devait bientôt reproduire l'œuvre capitale, les Romains de la décadence, dans une brillante aquarelle qu'on se souvient avoir vue au Salon de 1859. Il faisait aussi des études au Musée où il interrogeait Watteau, toujours plein de bons conseils pour ceux qui aiment l'esprit et la couleur. Bientôt, il exposa quelques peintures; mais ces premiers tableaux sont les essais d'un artiste qui hésite encore sur le choix du chemin qu'il doit suivre. Édouard Lièvre ne tarda pas cependant à trouver la voie où l'appe-

lait son intelligente curiosité. Lorsque la collection Sauvageot fut donnée à l'État et transportée au Louvre, il fut l'un des premiers à étudier, la plume ou le crayon à la main, les trésors d'art que le savant amateur avait réunis. La grâce de la Renaissance française, le caractère robuste et somptueux du style Louis XIV, le spirituel caprice du XVIIIe siècle le séduisirent profondément, et il entreprit de reproduire, d'abord pour son instruction personnelle et ensuite pour la nôtre, les principales richesses de cette collection qui valait un musée. Au Salon de 1864, il exposait, sous la forme de gravures, l'aiguière de Briot et l'F de François Ier. Ce n'était là que les premières pages d'un grand livre : la Collection Sauvageot, *qui parut en 1865, et dont on se rappelle le succès.*

Dès lors, tous les cabinets des amateurs furent ouverts à Édouard Lièvre; il parcourait les musées de France, il allait à Londres, il recueillait partout des éléments dont il a *su tirer le plus utile parti, non seulement pour lui, mais pour tous, car il avait compris dès le début combien il était opportun de propager la connaissance des styles et d'offrir aux jeunes chercheurs des modèles d'un goût éprouvé. Édouard Lièvre a fait œuvre d'enseignement; il a été un infatigable producteur de livres et d'estampes; les bibliothèques d'art ornemental lui doivent les* Collections célèbres *(1869), les* Arts décoratifs *(1870),* Works of Art in England *(1872), les*

Musées graphiques *et d'autres recueils encore où l'artiste et l'historien peuvent puiser tant de leçons. Le désir de marcher toujours en avant est visible dans chacun de ces livres. Lièvre attachait un grand prix à l'étude des procédés de reproduction ; il avait senti que pour certaines créations de la fantaisie, pour les étoffes particulièrement, la monochromie ne suffisait pas, et il s'est passionnément occupé des progrès de la gravure en couleur.*

Mais, si entraîné qu'il fût du côté du décor, Lièvre ne cessait pas de s'intéresser aux œuvres des maîtres qui font jouer le premier rôle à la figure humaine et aux émotions de l'âme. Dans le Musée universel *(1868), il a placé, à côté de planches consacrées à l'ornement, beaucoup de dessins et de tableaux. Il aimait les héros des époques glorieuses. Parmi ces ancêtres vénérables, Holbein, si grand dans le portrait, si puissant dans l'invention décorative, l'avait touché au cœur. La reproduction des plus beaux dessins du musée de Bâle a constitué le principal élément d'un in-folio, le* Hans Holbein, *publié en 1879 par M. Quantin. Édouard Lièvre professait un culte spécial pour ces croquis, le plus souvent improvisés, où les grands maîtres, travaillant pour eux-mêmes, expriment librement leur pensée toute brûlante encore de la flamme créatrice. Rembrandt était un de ses dieux. Trois jours avant sa mort, survenue le 26 novembre 1886, il nous montrait les premières épreuves d'une publication qu'il rêvait d'entreprendre, et qui aurait reproduit en fac-similé les plus beaux Rembrandt du British Museum, des Rembrandt peu connus en France, mais qui, dans le laisser-aller de leur langage, disent si bien les émotions et le caprice de ce profond génie.*

Toutefois, les publications qu'il a terminées avec tant de soin, celles aussi qu'il projetait, ce n'est là que la moitié de la vie d'Édouard Lièvre. La contemplation assidue des belles choses du passé lui avait inspiré l'ambition de créer à son tour des œuvres personnelles. Il voulut travailler, dans la mesure de ses forces, au renouvellement du mobilier et de tous les arts glorieux dont les inventions sont la parure des maisons heureuses. La décoration de l'appartement, à laquelle il avait depuis si longtemps songé, devint dès lors l'objet essentiel de son étude. Il parvint, non sans peine, à grouper autour de lui tout un petit monde de collaborateurs habiles, et, aidé de son frère dont le concours ne lui a jamais manqué, il fit exécuter, d'après les modèles qu'il composait, des bronzes, des céramiques, des tissus, sans parler des meubles luxueux où il a fait paraître tant d'ingéniosité et de goût.

Dans ce domaine spécial, il est difficile d'inventer. Les formes d'ensemble et, pour ainsi dire, l'architecture, étant déterminées par la destination du meuble, les artistes qui sont venus avant nous ont fourni des types dont il serait presque impossible de s'affranchir. Édouard Lièvre n'a pas essayé de se soustraire à la tyrannie de cette loi. Il a volontairement obéi aux nécessités traditionnelles. Dans la composition du meuble, il emprunte le point de départ aux modèles consacrés. Il songe à l'art oriental, à la Renaissance, au style Louis XVI ; mais il ne les répète point. S'il reste fidèle aux grandes lignes caractéristiques de chaque idéal, il arrive, par un travail d'esprit qui se refuse à l'analyse, à varier le système de l'ornementation ; il ajoute sa pensée à celle des créateurs primitifs, et, de plus en plus soucieux de la grâce sévère ou souriante, il parvient à exécuter des œuvres d'art qui ont un cachet nouveau. Un meuble d'Édouard Lièvre est toujours conçu en vue de l'usage auquel il est destiné et du rôle qu'il doit jouer dans le milieu environnant. Bien qu'il soit d'un très riche travail, il ne reçoit que l'ornement qu'il comporte, je veux dire l'ornement qui, loin de cacher la matière employée, la revêt d'une décoration rationnelle et appropriée à sa nature. Le bois y est sculpté par des mains savantes, le bronze s'embellit de ciselures délicates ou fières, et, si soigné qu'il soit, le détail ne parle jamais trop haut dans l'ensemble. Enfin l'exécution, toujours surveillée avec un soin jaloux, a cette loyauté qu'on réclamait autrefois du chef-d'œuvre que devait accomplir le compagnon ambitieux d'obtenir son brevet de maîtrise.

Telles sont les qualités que les amateurs, un peu lassés des contrefaçons banales des types anciens, ont aimées dans les créations d'Édouard Lièvre. La composition de ces beaux meubles de luxe occupa les dernières années de sa vie si bien commencée par l'étude des formes et du décor qui sont la gloire des époques privilégiées. Avec le goût instinctif, il avait la science. Lorsqu'on dédie quelques lignes à la mémoire d'un vieux camarade, il faut prendre certaines précautions et se mettre en garde contre les suggestions de l'amitié. Nous ne croyons pas cependant nous tromper beaucoup en disant que, grâce à ses publications si utilement consultées, grâce à ses œuvres originales, Édouard Lièvre a inscrit son nom dans la liste des artistes français qui, en un siècle où la vulgarité ne se gêne pas pour prendre la parole, ont maintenu et raffiné toutes les élégances des arts du décor.

PAUL MANTZ.

MEUBLES

OBJETS D'ART

ŒUVRES

DE

ÉDOUARD LIÈVRE

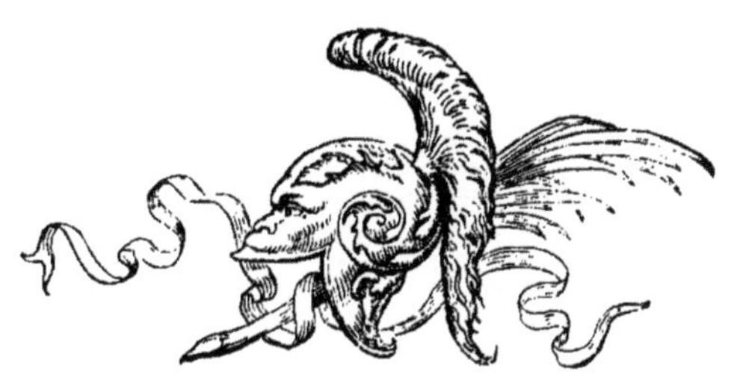

DÉSIGNATION DES OBJETS

MEUBLES STYLE XVIe SIÈCLE

1 — Meuble remarquable en bois de noyer très finement sculpté, s'ouvrant à trois battants, d'aspect architectural, style Renaissance. Le corps principal forme vitrine; la porte est garnie d'une grande glace biseautée. Le cintre, à tores de lauriers enrubannés, est supporté par deux colonnes formant montants de chaque côté et ornées de chutes de feuillages et de fruits. Les portes latérales présentent de charmants trophées à attributs guerriers et à attributs de musique, suspendus par des festons de rubans et ralliés par des guirlandes. Au-dessous se détachent des chutes à feuilles de pampre et clochettes. Les montants offrent des vases d'où s'élancent des suites de fruits, d'épis de blé et de feuillages

délicatement dessinés. Les frises du haut représentent des arabesques à feuillages ; dans le bas, deux petites portes surbaissées à médaillons offrent au centre un cartouche à tête de lion, à la crinière hérissée, en bronze ciselé et patiné au vieux ton d'or. Le couronnement du meuble, de forme rectangulaire, présente une suite de coquilles et de légères dentelures. Il est supporté par deux petites consoles posant sur des galeries à jour.

Haut., 2 m. 72 cent.; larg., 2 m. 45 cent.

2 — Beau meuble à deux corps de forme architecturale, en bois de noyer ciré et sculpté, richement orné d'encadrements dessinant un portail, en bronze finement repercé, travail dit dentelle, d'appliques à masques de lions en furie et attributs guerriers ; avec fronton à masques fabuleux et guirlandes. Les montants en bronze ciselé représentent une suite de trophées de musique, de têtes de chérubins, d'écureuils et de médaillons élégamment disposés au milieu de festons de rubans, de feuilles de pampre et de clochettes. Ils sont surmontés de chapiteaux à feuilles d'acanthe et consoles enroulées, avec têtes de chérubins se détachant en haut-relief. En bas, de chaque côté, se détachent deux colonnes en marbre rouge griotte, ornées de bracelets en bronze. L'intérieur est disposé en cabinet à nombreux tiroirs, avec réserve au centre s'ouvrant à un battant. La porte principale est toute marquetée

de différents bois de luxe. Le meuble est couronné par un fronton en bronze ciselé et découpé à jour; dessin à rinceaux feuillagés et accouplés supportant un cartouche avec coquille.

Haut., 2 m. 28 cent.; larg., 1 mètre.

3 — Meuble remarquable formant cabinet, en bois de noyer, de forme très élégante; supporté par quatre colonnes en marbre rouge campan antique, orné de bracelets et de guirlandes, surmonté de petits chapiteaux en bronze finement ciselé à feuille d'acanthe et enroulements à têtes de dauphins. Le corps principal se détachant en ressaut s'ouvre à deux battants, décorés d'appliques en bronze finement repercé, dessin à arabesques, véritable broderie. Sur les côtés, de gracieux petits chapiteaux couronnent les pilastres. L'intérieur forme cabinet à petits tiroirs avec réserve au centre s'ouvrant à un battant, couvert d'un bas-relief en bronze représentant : la Sainte Famille. Une délicieuse moulure à suite d'ornements et feuilles d'acanthe forme encadrement. Le bas s'ouvre également à deux portes en forme d'arcades. Les côtés, en retrait, forment des niches monumentales sous lesquelles sont abritées des statuettes de Vénus et d'Apollon posant sur socles en marbre, ils s'ouvrent également et présentent à l'intérieur une réserve à tiroirs. Les appliques des réserves sont formées de têtes de lions à la crinière hérissée et à attributs guer-

riers. Au-dessus, se dessinent d'élégants frontons. Au milieu est réservée une place pour recevoir un sujet comme la statuette cataloguée sous le numéro suivant. L'architecture et la décoration de ce meuble lui assurent une place spéciale dans l'art décoratif inspiré de la Renaissance florentine.

Posant sur un socle.

Hauteur totale, 2 m. 40 cent.; larg., 1 m. 28 cent.
Hauteur sans socle, 2 m. 30 cent.

4 — Statuette en bronze patiné au vieux ton d'or : *le Penseur* d'après Michel-Ange.

5 — Très beau meuble, dit cabinet de mariage, en bois de noyer très richement orné de bronzes ciselés, repercés et patinés au vieux ton d'or, de forme monumentale, supporté par des colonnes accouplées et disposées en retrait l'une sur l'autre, tout en bronze décoré de feuilles d'acanthe, de rosaces et de fleurs. Il s'ouvre à une porte ornée de trois saillies avec montants en bronze, offrant en relief de charmants motifs inspirés de la Renaissance. La partie supérieure représente un portail avec bas-relief allégorie de la Sainte Famille. Tout autour, comme encadrement et comme montants se détachent des frises ajourées, dessin de broderie. De chaque côté se détachent en retrait, l'une sur l'autre, des

colonnettes en marbre fleur de pêcher avec embases, bracelets et chapiteaux en bronze ciselé. Le fronton offre au centre un buste d'homme pris en haut-relief. L'intérieur est disposé à dix tiroirs avec poignées et appliques ciselées et découpées à jour. Forme et exécution remarquables. Sur socle.

Hauteur totale, 1 m. 65 cent.; larg., 75 cent.
Hauteur sans socle, 1 m. 55 cent.

6 — Très belle fontaine d'aspect monumental, en bois de noyer d'Amérique, supportée par deux colonnes rondes en marbre rouge campan ornées de bracelets, de chapiteaux et d'embases, de têtes de lions, de guirlandes de fruits et de festons d'ornements en bronze finement ciselé et patiné au vieux ton d'or. Le fond du meuble est formé par une très grande plaque en marbre fleur de pêcher dans laquelle sont fixées des agrafes fleurdelisées auxquelles est suspendu un bassin à double fond en cuivre repoussé, décor à godrons. Au-dessus est appendue à une crémaillère la fontaine de forme élégante avec robinet à tête de dauphin. La partie supérieure à entablements est ornée d'un bandeau en broderie et applications havane blanche et bleue, bordée d'une frange assortie. Le fronton présente au centre une tête de femme en haut-relief, et, de chaque côté, des enroulements feuillagés. Il est supporté par deux gros pilastres cannelés forme de vases en marbre

rouge campan ; le fond est garni de plaques rectangulaires en même marbre biseauté.

Ce meuble remarquable, exécuté dans le goût de la Renaissance, par sa forme même, peut être facilement transformé en cheminée.

Haut., 2 m. 95 cent.; larg., 1 m. 67 cent.

7 — Joli petit meuble-crédence en noyer d'Amérique s'ouvrant à deux portes, orné de bronzes ciselés. La partie inférieure formant niche est ornée sur les deux côtés de deux colonnes cannelées et détachées, avec bracelets, embases et chapiteaux en bronze ciselé. Style Renaissance, posé sur socle.

Hauteur totale, 1 m. 66 cent.; larg., 97 cent.
Hauteur sans le socle, 1 m. 57 cent.

8 — Grande et belle armoire à deux portes en chêne sculpté, dessin à pointes de diamants, couverte d'ornements en cuivre découpé et clouté à facettes. L'applique de serrure est représentée par une grande applique dans le même goût. L'intérieur est disposé en cartonnier, c'est-à-dire divisé par vingt tablettes, la plupart se tirant à coulisses. Style XVIe siècle.

Haut., 2 m. 64 cent.; larg., 2 mètres.

9 — Beau meuble en bois de noyer ciré et sculpté, s'ouvrant à deux portes dans le bas, dessin à arcades. Le haut forme vitrine à glaces biseautées avec encadrement en bronze très finement

repercé, patiné au ton vieil or, dessin dit dentelle d'une finesse remarquable et appliqué sur fond de glace. De chaque côté se détachent des colonnes ornées de guirlandes, de bracelets, d'appliques et de chapiteaux en bronze ciselé. Le meuble est couronné par un fronton dans le même goût à coquilles et rinceaux feuillagés. Les côtés, garnis de glaces, sont encadrés comme la façade d'une dentelle en bronze. Style Renaissance.

Haut., 2 m. 48 cent.; larg., 1 m. 18 cent.

10 — Très jolie petite armoire en bois de noyer d'Amérique, ornée de quatre colonnettes détachées, s'ouvrant à un battant, divisée en trois compartiments cintrés avec rosaces en bronze finement ciselé. Couronnée par un fronton avec têtes de femmes et draperies, surmontée d'un groupe de rinceaux feuillagés. De chaque côté s'élèvent deux petits vases couverts de feuillages renversés. Le bas s'ouvre à deux portes ralliées par un couvre-joint décoré de feuillages. Style Renaissance, avec socle.

Hauteur totale, 2 m. 5 cent.; larg., 95 cent.
Hauteur sans le socle, 1 m. 95 cent.

11 — Très beau meuble en noyer sculpté, d'aspect architectural, formant armoire à glace, orné de colonnes détachées avec trophées et feuilles d'acanthe. Le bas s'ouvre à tiroirs avec poignée

en bronze. De chaque côté, sous une élégante colonnade, s'élève un vase décoré de guirlandes et de têtes de satyres. Comme suspendu entre les colonnes, se trouve placé un cartouche à médaillon buste de déesse en bronze ciselé et doré. Le fronton est orné d'une frise à godrons avec feuille d'acanthe ouverte au centre. Une large moulure sculptée à fleurs lobées et fermées encadre la glace biseautée. Style Renaissance.

Haut., 2 m. 70 cent.; larg., 2 mètres.

12 — Petit meuble-crédence en bois de noyer sculpté, s'ouvrant à deux portes, offrant en bas-relief des vases de fleurs, des feuillages lobés et des chutes suspendus à des festons de rubans dans le goût de la Renaissance. Le bas à jour formant niche est orné sur la façade, de chaque côté, de colonnettes détachées et accouplées par des cartouches écussons et ornées de sculptures. Les poignées des tiroirs ainsi que les charnières sont en bronze patiné au vieux ton d'or. Le couronnement offre une suite de coquilles, surmonté d'une corniche à fin denticule. Sur socle.

Hauteur totale, 1 m. 63 cent.; larg., 83 cent.
Hauteur sans socle, 1 m. 53 cent.

13 — Petit meuble en bois de noyer d'Amérique, s'ouvrant à deux portes, avec appliques et charnières en bronze patiné vieux ton d'or. La partie inférieure forme arcade élégamment cintrée, et

sur la façade le tiroir est orné de deux poignées en bronze. Style Renaissance, avec socle.

Hauteur totale, 1 m. 60 cent.; larg., 91 cent.
Hauteur sans socle, 1 m. 57 cent.

14 — Belle bibliothèque Renaissance en noyer, très richement garnie de bronzes ciselés à patine vieil or. Elle a l'aspect d'une arcade surbaissée, supportée par deux colonnes à chapiteaux corinthiens, enguirlandées de fruits appendus à des rubans, ceintes de bracelets ornés et portant sur des piédestaux reliés par une galerie de demi-balustres de bronze appliqués sur un fond de glace.

Deux colonnes semblables couronnées de pinacles se dressent sur les côtés du meuble.

La porte, vitrée d'une glace à biseau, est surmontée d'un chérubin. Deux médaillons-bustes, Mars et Junon, occupent les tympans ; des denticules et des coquilles ressortent sur les moulures de la corniche.

Au-dessus de cette corniche est disposé un socle à cartouche et consoles, destiné à recevoir une statuette et sur lequel a été placée celle inscrite sous le numéro suivant.

Le meuble est surélevé au moyen d'un socle uni en même bois.

Hauteur totale, 2 m. 25 cent.; larg., 1 m. 70 cent.

15 — Statuette équestre de Charles VII. Bronze de Barye, épreuve de Barbedienne.

16 — Très belle crédence, de style Renaissance et d'ordonnance architecturale, en noyer d'Amérique ciré et enrichi de bronzes à patine vieil or, délicatement ciselés et fouillés à jour, d'une grande profusion de détails et d'un excellent goût d'ornementation.

Un attique, décoré de postes interrompues par deux cartouches de bronze, couronne l'entablement supporté par des pilastres d'angle. Un avant-corps médian, qui sépare les deux vantaux du meuble, porte sur deux belles colonnes d'ordre corinthien à chapiteaux, guirlandes, bracelets et bases de bronze. Au milieu de cet avant-corps, une niche, entourée d'une bande de rinceaux à jour, contient une statuette d'Antinoüs en bronze. Les vantaux sont ornés de deux médaillons de bronze, Charles VII et Agnès Sorel, encadrés d'écoinçons à petits rinceaux découpés.

Le corps inférieur du meuble se compose d'une arcature dont les cintres sont surmontés de cartels et les pieds-droits flanqués de pilastres. Le soubassement, à moulures, repose sur des boules surbaissées s'appuyant elles-mêmes sur un socle rectangulaire uni.

Hauteur sans le socle, 1 m. 90 cent.; larg., 1 m. 50 cent.
Hauteur du socle, 10 cent.

17 — Meuble à deux corps, de style Renaissance, et à façade architecturale, en bois de noyer garni de cuivres ciselés, à patine vieil or. Il est à

quatre vantaux pleins, séparés par deux tiroirs. Les portes du corps supérieur présentent des arcades doubles surmontées de deux médaillons de bronze, en haut-relief, Mars et Vénus, et sont encadrées de pilastres entièrement revêtus, ainsi que la frise d'entablement, d'un réseau de petits rinceaux de bronze délicatement ajourés. Un motif de bronze, à vase et rinceaux, couronne la corniche en manière de fronton.

Le corps inférieur, dont les vantaux sont taillés à facettes, est décoré de trois belles colonnes dégagées et cannelées, à bases, chapiteaux et bracelets ornementés, en bronze remarquablement ciselé.

Haut., 2 m. 70 cent.; larg., 1 m. 55 cent.

18 — Très beau cabinet ou meuble à bijoux, en noyer d'Amérique, ciré, incrusté de plaquettes de marbre rouge campan, et enrichi de statuettes et d'appliques en bronze d'un remarquable travail de ciselure, et à patine claire, vieil or.

Ce meuble, très élégant, conçu dans le style de la Renaissance, se compose d'un corps supérieur à fronton entrecoupé, et d'une table-console à tiroir, à piliers carrés et cannelés sur la face et à fond plein.

La porte du cabinet, en retrait sur les montants formant avant-corps, est ornée d'un bel émail en grisaille, de forme circulaire, représentant un Combat de cavaliers, d'après *Léonard de Vinci*. L'émail est encadré d'une double baguette de cuivre inscrite dans une bordure carrée de bronze, faite d'entrelacs et de rinceaux finement ajourés ; les écoinçons présentent des chérubins ciselés en haut-relief. La façade de chacune des ailes d'avant-corps est décorée de deux colonnettes détachées encadrant une niche, dans laquelle se voit une gracieuse statuette de déesse en bronze, d'après *Benvenuto Cellini*. Des postes en bronze courent sur la frise de l'entablement ; d'autres bronzes ciselés, cariatides, mascarons chimériques et enroulements, occupent l'entre-deux du fronton et les angles du tympan.

La porte centrale et les deux façades de côté, montées à charnières, recouvrent un grand nombre de petits tiroirs à poignées de bronze.

Hauteur du meuble, socle non compris, 1 m. 80 cent.; larg., 90 cent.
Hauteur du socle, 10 cent.

19 — Grand et beau meuble de style Renaissance et d'aspect monumental, à deux corps, en noyer d'Amérique ciré et enrichi de bronzes finement ciselés, à patine vieil or.

Le corps supérieur forme vitrine à trois portes garnies de glaces biseautées ; celle du milieu, plus élevée et en ressaut, est cintrée du haut. Deux médaillons-bustes de bronze, en haut-relief, en décorent les tympans. Des pilastres, à chapiteaux d'un beau modèle, encadrent ces portes ; ils sont entièrement recouverts, ainsi que toutes les frises, d'un réseau de petits enroulements et d'ornements déliés, en bronze délicatement ajouré en manière de dentelle. Des vases et des motifs à rinceaux feuillagés entremêlés de rubans, aussi en bronze, surmontent la corniche.

Le corps inférieur, élevé sur deux degrés à moulures, est à trois portes pleines dont l'ornementation consiste en une suite d'arcades géminées. Quatre colonnes dégagées, en marbre rouge campan, à bases, bracelets ornés et chapiteaux de bronze ciselés, supportent l'entablement du corps inférieur, dont la frise est pourvue de trois tiroirs.

Haut., 2 m. 92 cent.; larg., 2 m. 32 cent.

20 — Grand et beau dressoir-vitrine Renaissance, à deux corps, en noyer garni de bronzes ciselés, à patine claire dorée.

Le corps inférieur s'ouvre à quatre vantaux garnis d'appliques à facettes de diamant, rinceaux ajourés et coquilles, en bronze. Quatre pilastres ou gaines saillants, décorés aussi de bronze, séparent ces vantaux.

Le corps supérieur est à porte vitrée avec colonnes cannelées d'ordre corinthien adossées aux montants. Les côtés en retrait, garnis d'une double balustrade de cuivre, présentent deux colonnes d'angle détachées, pareilles aux précédentes, et supportant la corniche du meuble, décorée de mufles de lion en bronze.

Les chapiteaux très riches, les bracelets, les

bases et les guirlandes des colonnes, les poignées de tiroirs sont aussi en bronze ciselé.

Haut., 2 m. 58 cent.; larg., 2 m. 70 cent.

21 — Dressoir-servante Renaissance, analogue au meuble qui précède, en forme de table-console à tiroirs, supportée par quatre colonnes à guirlandes de fruits, bracelets ornés, chapiteaux et bases de bronze ciselé. Le dessus est en marbre brèche d'Alep. Une glace flanquée de deux ailerons à volutes et couronnée d'une corniche à mufles de lion en bronze surmonte la console.

Haut., 2 m. 15 cent.; larg., 1 m. 90 cent.

22 — Belle horloge de milieu, de style Renaissance, en poirier noirci, enrichie de bronzes ciselés, à patine dorée. Elle a la forme d'un petit temple à dôme, supporté par huit colonnettes de marbre rouge reposant sur des piédestaux qui sont reliés par une galerie à balustres de bronze couverts d'ornements. Le cadran, également en bronze, est décoré de mascarons, de fleurons et de cuirs. D'autres bronzes sont répartis sur toutes les parties de l'édifice : plaquettes ajourées formant revêtement des piédestaux, consoles et crêtes sur la toiture qui est surmontée de deux vases élancés.

Haut., 72 cent.; larg., 40 cent.

23 — Petite crédence Renaissance, à façade monumentale et à fronton entrecoupé, en bois de noyer

garni de bronzes finement ciselés, à patine claire. Elle est à deux corps flanqués sur les côtés de colonnes accouplées et superposées. Le corps supérieur s'ouvre au moyen d'une porte encadrée de filets ornés en bronze, destinée à recevoir un émail, une peinture ou un bas-relief, et provisoirement décorée d'une aquarelle, tête de femme, de profil. Les quatre colonnes qui encadrent cette porte, deux de chaque côté, sont cannelées et d'ordre corinthien.

La face du corps inférieur se compose de deux arcades géminées placées entre quatre colonnes doriques supportant un entablement à triglyphes et à plaquettes circulaires de marbre rouge inscrites dans les métopes. Le soubassement est à moulures avec plaquettes de même marbre.

L'entre-deux de fronton à cartel, coquille et cariatides, les angles du tympan à cariatides et rinceaux, les chapiteaux et les bases de colonnes sont en bronze ciselé.

Hauteur du meuble, 1 m. 80 cent.; larg., 95 cent,
Hauteur du socle, 10 cent.

24 — Petite armoire Renaissance, en noyer sculpté, à façade cantonnée de colonnettes cannelées et à porte décorée d'un gracieux motif, à guirlandes, trophées d'armes, instruments de musique et pentes de fruits, surmonté de deux jolies rosaces. La frise, creusée de petits canaux,

est ornée d'un cartouche central, et la corniche d'un denticule.

Haut., 1 m. 75 cent.; larg., 80 cent.

25 — Bibliothèque-cartonnier en bois noir, à angles arrondis, à corniche et base profilées à moulures et à porte garnie d'une glace biseautée. Ce meuble est décoré de baguettes, d'agrafes et de cartouches de bronze ciselé, à patine vieil or. Une bande d'ornements très délicats, en bronze ajouré en manière de dentelle et appliquée sur fond de glace étamée, forme l'encadrement de la porte. Seize tablettes à coulisses sont superposées à égale distance dans l'intérieur du meuble.

Haut., 1 m. 90 cent.; larg., 95 cent.

26 — Chevalet-pupitre à deux faces, supporté par deux X de bronze, à patine claire, élégamment décorés de feuilles d'acanthe et d'ornements Renaissance, d'un bon travail de ciselure et se terminant en pieds de biches, reliés par des entretoises. Les panneaux des pupitres sont recouverts de peluche rouge et encadrés de motifs à coquilles et rinceaux feuillagés, en bronze ajouré.

Haut., 1 m. 56 cent.

27 — Chevalet à deux faces, avec supports de bronze, pareils à ceux du meuble qui précède; le pupitre de celui-ci est en bois de noyer.

Haut., 1 m. 58 cent.

28 — Très beau miroir à glace biseautée, avec cadre en bronze finement ciselé et repercé ; monté sur fond de glace, offrant sur les côtés des médaillons en bas-relief, figures de femmes, allégorie de sources ; au fronton et en bas, des bas-reliefs, à têtes de satyre et de femme, avec arabesques. Style Renaissance.

Haut., 1 m. 10 cent.; larg., 92 cent.

29 — Miroir rectangulaire de style Renaissance, avec encadrement de glaces à biseaux, circonscrites par deux moulures ornées en bronze et revêtues de motifs d'angle et de milieu à fleurons, bossages et enroulements en bronze ciselé, découpé à jour et à patine vieil or.

Haut., 1 m. 45 cent.; larg., 1 m. 10 cent.

30 — Miroir à glace biseautée, avec encadrement de bois noir, à angles coupés, très richement garni de bronzes ciselés et dorés, offrant au fronton un écusson, autour des appliques et des moulures, dans le bas un cartouche à tête de satyre.

Haut., 1 m. 20 cent.; larg., 80 cent.

31 — Gaine en noyer, décorée de plaques de faïence polychrome, à cariatides et arabesques sur fond blanc, dans le style des anciennes faïences d'Urbino.

Haut., 1 m. 50 cent.

32 — Petit bureau en noyer, supporté par quatre colonnes posant sur traverses, avec consoles, bra-

celets, frises, colonnettes détachées et appliques en bronze finement ciselé ou repercé, patiné au vieux ton d'or, inspiré de la Renaissance.

Haut., 1 m. 10 cent.; long., 95 cent.

33-34 — Deux tables rectangulaires forme XVIe siècle, en bois de noyer, piétement à arcades et balustres, avec tiroirs ornés de poignées en bronze, patiné au vieux ton d'or.

Haut., 76 cent.; long., 1 m. 37 cent.; larg., 78 cent.

35 — Pupitre en palissandre, garni de tiroirs à l'intérieur.

Long., 65 cent.; prof., 45 cent.

36 — Râtelier en chêne.

Haut., 1 m. 60 cent.

37 — Colonne cannelée, en bois de chêne, avec embase et tablette à pans.

Haut., 1 m. 23 cent.

38 — Socle-console en bois de noyer, forme de style Louis XIV.

Haut., 26 cent.; larg., 38 cent.

39 — Colonne ronde, en marbre noir, avec dessus à tournettes, ornée d'embases, de bracelets, de chapiteaux et d'appliques en bronze, patiné au vieux ton d'or.

Haut., 1 m. 20 cent.

MEUBLES

STYLE XVIIIe SIÈCLE

40 — Très beau meuble, dit de mariage, en bois d'acajou massif et moucheté. Forme de cabinet, s'ouvrant à une seule porte, offrant au centre un bas-relief en bronze ciselé et doré, représentant les Vestales portant triomphalement des offrandes, d'après Clodion. Une moulure en bronze à bords perlés forme encadrement. Le couronnement, légèrement cintré en retrait, offre au milieu un grand écusson et des festons de rubans. Sur les côtés, en pans coupés, se détachent des appliques à consoles formées de feuilles de chêne enroulées. Le meuble est supporté par une élégante console à quatre pieds formés de balustres, tout ornés de branches de laurier, de cannelures et de rosaces, ralliés par un croisillon avec vase à anneau mobile au centre, tout en bronze massif et doré, ainsi que des couronnes à festons de rubans, des frises à fleurs et des consoles à feuilles d'acanthe complètent l'ornementation des plus coquettes de ce meuble, fort riche dans sa simplicité. Socle en peluche rouge. Style Marie-Antoinette.

Hauteur totale, 1 m. 88 cent.; larg., 90 cent.
Hauteur sans socle, 1 m. 78 cent.

41 — Grande et belle vitrine en bois d'acajou massif et moucheté, garnie de glaces biseautées à fond

de glaces, très richement orné de bronzes ciselés et dorés, de style Louis XVI. Elle s'ouvre, sur la façade, à une seule porte à grand développement. Les côtés sont en pans coupés. Les montants sont formés de quatre consoles avec guirlandes de fleurs enrubannées, suspendues à des rosaces fleuronnées. Au-dessus se détachent des colonnettes formées de balustres et de vases couverts de feuilles d'acanthe et de branches de laurier. D'élégants petits chapiteaux supportent le fronton, qui offre sur le devant un bas-relief : amour brûlant des papillons, entre deux frises à arabesques de fleurs et couronné par un bel écusson se détachant au milieu de couronnes de laurier, de guirlandes de fleurs et de branches de chêne. Sur les côtés, ce sont des masques de femmes où prennent naissance des guirlandes de fleurs qui se rattachent aux chapiteaux. Quatre vases à panses côtelées, avec anses à anneaux mobiles, sont placés au-dessus des colonnettes. Le bas est orné de frises à arabesques; au moyen d'un secret, il s'ouvre à un tiroir.

Remarquable par son exécution.

Haut., 2 m. 50 cent.; larg., 1 m. 70 cent.

42 — Très beau meuble-dressoir en bois d'acajou moucheté et satiné, richement orné de bronzes ciselés et dorés, avec dessus à hauteur d'appui en marbre brèche d'Alep, style Louis XVI. Il s'ouvre à un battant, offrant au centre un médaillon à bas-relief : sujet allégorique à la jeu-

nesse entraînée par l'Amour. Au-dessus se détache un cartouche à feuilles d'acanthe, des guirlandes de fleurs et des festons de rubans qui viennent se perdre, à travers des anneaux, sur un grillage à fleurettes en bronze finement ciselé et découpé, suivant des contours indiqués dans le panneau et encadré d'une moulure, partie perlée, partie feuilles d'acanthe. En bas se présente une frise à arabesques de fleurs et de feuillages. De chaque côté se détachent deux colonnes en bronze ciselé et doré, ornées de feuillages, de côtes tournantes et de cannelures. Le bandeau offre des frises à guirlandes de roses. Les côtés, en retrait, forment consoles enguirlandées de fleurs et enveloppées d'un tore enrubanné. Le fronton cintré, avec tablette supportée par d'élégantes colonnettes, offre au centre un bas-relief : buste de Flore avec corne d'abondance, orné de fleurs et de branchages ; il est couronné par un écusson d'où tombent, de chaque côté, des jetées de roses retenues par des festons de rubans.

Haut., 2 mètres ; larg., 1 m. 20 cent.

13 — Charmante vitrine en bois d'acajou massif et moucheté, garnie de glaces biseautées à fond de glace, encadrées de moulures en bronze doré à filets de perles, ornée au fronton de guirlandes de fleurs et de festons, de rubans sur les côtés, de chutes de feuilles de chêne et de laurier ; dans le bas, des frises à rinceaux. Elle est supportée par quatre pieds élégants avec croisillon, tout en

bronze finement ciselé et doré, décorés de guirlandes de fleurs et de nœuds de rubans. Sur socle. Style Louis XVI.

Haut., 1 m. 80 cent.; larg., 85 cent.

44 — Très belle armoire en bois d'acajou massif et moucheté, richement ornée de bronzes ciselés et dorés; exécutée dans le style Louis XVI. Elle s'ouvre à une porte, offrant au centre un médaillon en bas-relief : la Jeunesse guidée par l'Amour, inspiré de Clodion. Au-dessus se détache un cartouche à feuilles d'acanthe, des guirlandes de fleurs et de fruits avec festons de rubans se ralliant, aux extrémités, à des rosaces fleuronnées et retombant en chutes sur un grillage qui forme encadrement du panneau et qui se répète aux écoinçons. Dans le bas se dessinent des rinceaux feuillagés et des branchages. Dans la partie inférieure, le meuble s'ouvre à un tiroir, orné d'une moulure perlée formant encadrement. De chaque côté se détachent des consoles à volutes qui sont surmontées de colonnes détachées en bronze ciselé et doré couronnées par des masques de femmes. Le bandeau est orné d'un bas-relief en bronze doré, représentant des amours prenant leurs ébats autour d'un brûle-encens. Les profils sont ornés, comme la façade, de moulures à feuilles d'acanthe formant encadrement. Dessus en marbre brèche de Sicile. Admirable comme ébénisterie et comme ciselure.

Haut., 1 m. 90 cent.; larg., 1 m. 5 cent.

45 — Meuble remarquable s'ouvrant à deux portes, en bois d'acajou massif et moucheté, orné de bronzes finement ciselés et dorés. Chaque battant offre un médaillon en bas-relief : bustes de femmes, allégories du *Printemps* et de l'*Été*, suspendus à un nœud de ruban. Au-dessus se détachent des guirlandes de fleurs tombant sur un fronton formé d'une large moulure. Ces panneaux sont encadrés de feuilles d'acanthe. Le couvre-joint des deux portes est formé d'un montant à feuilles de laurier. Sur les côtés se détachent des colonnes cannelées supportées par des pilastres à branches de laurier. Le bandeau est orné d'une frise à rosaces et chaînettes qui se répète sur les côtés. Le haut, partie en retrait, s'ouvre également à deux portes décorées dans le même goût. Sur le devant se détache, de chaque côté, une petite balustrade, et au-dessus d'élégantes consoles à feuillages et à enroulements à jour, supportant le fronton à écussons et palmes ornés de festons de rubans. Ce meuble, par la perfection de son ébénisterie et de la ciselure des bronzes, est inspiré du plus bel art décoratif du XVIIIe siècle.

Haut., 2 m. 10 cent.; larg., 1 mètre.

46 — Magnifique commode en bois d'acajou massif et moucheté, s'ouvrant à trois tiroirs, ornée sur la façade d'un grand motif à encadrements de moulures, avec frises à arabesques se détachant au milieu du premier tiroir, cartouches avec guir-

landes de fleurs et grillage fleuronné ornant le second tiroir et médaillon entouré d'un tore de laurier terminant le motif principal et décorant le troisième tiroir ; le tout en bronze finement ciselé et doré, ainsi que d'élégantes colonnettes détachées qui s'élèvent dans les angles rentrés. Le bandeau est orné d'une frise à enroulements feuillagés ; les côtés, avec panneaux sculptés en ressaut, sont encadrés de moulures à feuilles d'acanthe. Dessus en marbre brèche d'Alep.

Haut., 1 mètre; larg., 1 m. 35 cent.

47 — Très beau lit de milieu en bois d'acajou massif et moucheté, avec panneau de fond à fronton, formé de palmes et de festons de rubans ; au milieu est réservé un médaillon pour recevoir un chiffre ou un écusson ; il est orné de colonnettes détachées, surmonté de panaches, garni de moulures à feuilles d'acanthe, de frises à enroulements en bronze doré ; exécuté dans le style Louis XVI.

Long., 2 m. 25 cent.
Hauteur du fond, 1 m. 55 cent.; larg., 1 m. 68 cent.
Hauteur du devant, 95 cent.

48 — Deux jolies petites tables carrées, de style Louis XVI, en bois d'acajou moucheté, très richement garnies de cuivres ciselés et dorés au mercure : rais de cœur, coquilles, chutes, pentes et feuillages. Elles ont une tablette d'entre-jambes, et leurs quatre pieds, cannelés en spirales, sont reliés à leur base par une entretoise bordée de

perles. Dessus en marbre brèche d'Alep, à angles arrondis.

44 cent. sur 44 cent.

49-50 — Deux lits de style Louis XVI, en acajou, garnis de baguettes de cuivre doré.

51 — Étagère en bois d'acajou moucheté, forme carrée.

Haut., 1 m. 20 cent.

52 à 54 — Divers chevalets.

55 — Divers meubles en blanc, non garnis, en cours d'exécution.

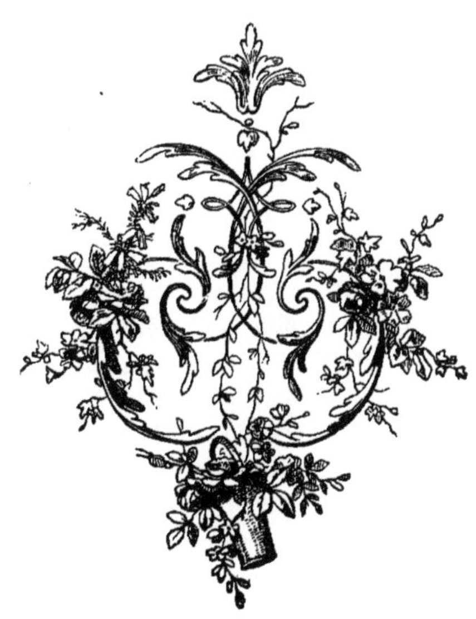

MEUBLES

STYLE JAPONAIS ET CHINOIS

56 — Très belle vitrine tout en glaces biseautées avec cage en palissandre des îles, ornée sur les côtés de dragons en furie en bronze ciselé, avec fronton au cachet impérial et cigognes prenant leur vol, se détachant en bas-relief. Le bas, en forme de socle, est orné de frises à jour avec poignées en bronze ciselé, et s'ouvre à un tiroir. Il est supporté par des têtes d'éléphants richement caparaçonnés. L'intérieur renferme une étagère en bronze, dessin bambou, avec tablettes en glaces posant sur une table surbaissée, dite de mandarin, en bronze doré.

Meuble original par sa conception et d'une élégance rare malgré ses grandes proportions.

Haut., 2 m. 55 cent.; larg., 1 m. 55 cent.

57 — Très beau meuble à étagères formant vitrine au centre, tout en bois de palissandre des îles garni de glaces biseautées et richement orné de bronzes ciselés repercés et dorés. Dans le bas se détachent deux dragons en furie. Sur les côtés, des masques de chimères sur des fonds d'arabesques à jour, et le fronton est supporté par un diadème à arabesques de fleurs lobées et d'en-

trelacs très finement repercés. Couronné par les armes impériales.

Meuble très original de forme.

Haut., 2 m. 60 cent.; larg., 1 m. 35 cent.

58 — Belle vitrine de style chinois, en bois dur à décor de grecques entremêlées de baguettes de cuivre et de jolies plaquettes repercées à jour. Le corps supérieur s'ouvre au moyen de trois portes à glaces biseautées. Le corps inférieur est à quatre vantaux pleins à bossages, surmontés de tiroirs. La corniche du meuble est saillante et à bords relevés en façon de toiture de pagode.

Haut., 2 m. 45 cent.; larg., 2 m. 20 cent.

59 — Dressoir-étagère de style chinois, d'une ornementation analogue à celle du meuble qui précède. La table, à dessus de marbre brèche, est à tiroirs ; ses pieds sont reliés par des traverses doubles. Elle est surmontée d'un panneau plein pourvu de deux tablettes et couronné d'une corniche à crète de bronze délicatement ajourée.

Haut., 2 m. 5 cent.; larg., 1 m. 40 cent.

60 — Table de milieu en bois de palissandre des îles finement sculpté à jour. Posant sur quatre pieds aux contours élégants avec traverses d'entrejambes tout ornées de masques chimériques et

d'appliques en bronze repercé et patiné au vieux ton d'or.

Dessus en marbre brèche d'Alep.

Haut., 77 cent.; long., 1 m. 20 cent.; larg., 80 cent.

61 — Vitrine à glaces biseautées, ayant la forme d'une pagode chinoise, en palissandre ciré et décoré d'appliques de bronze, à patine vieil or, délicatement ciselées et découpées à jour.

Des colonnettes de bronze, autour desquelles s'enroulent des dragons, supportent la toiture dont la double corniche est ornée d'un lambrequin et d'une crête de bronze finement ajourée. Deux cigognes affrontées, en bas-relief, occupent le milieu de la frise.

La console qui supporte le meuble est à panse ventrue, parsemée de mascarons chimériques, de rosaces et de plaquettes découpées en bronze ; ses pieds, tout en bronze, sont couverts d'ornements ciselés en relief d'une extrême délicatesse.

Haut., 2 m. 10 cent.; larg., 1 m. 30 cent.; prof., 65 cent.

62 — Meuble d'entre-deux de style chinois, à hauteur d'appui et à un vantail, en palissandre ciré et à moulures, enrichi d'appliques de bronze ciselé et ajouré à patine vieil or, telles que : frises et plaquettes composées de rinceaux et d'entrelacs déliés, rosaces doubles et agrafes.

Haut., 1 m. 15 cent.; larg., 95 cent.

63 — Paravent à trois feuilles de satin fond rose, bleu et mordoré richement brodé de soie de différentes nuances et offrant des paysages fleuris et des oiseaux prenant leur vol. La monture, en palissandre des îles, est ornée d'encadrements et d'appliques en bronze finement ciselé, repercé et doré.

Haut., 1 m. 55 cent.; larg., 1 m. 80 cent.

64 — Table-support en bois noir de style chinois, garnie de plaquettes finement ajourées et d'ornements ciselés en bronze à patine vieil or. La tablette a ses deux extrémités recourbées sur les pieds que relient des croisillons de bronze.

Haut., 85 cent.; larg., 48 cent.

65-66 — Deux étagères de style chinois, en bois de palissandre.

67 — Petite table couverte en drap rouge.

Haut., 70 cent.; larg., 50 cent.

68 — Petite table surbaissée formant support, en bois noir. Style japonais.

Haut., 16 cent.; larg., 50 cent.

69 — Deux tables-supports en bois de palissandre des îles finement découpé, ornées de douze chiffres allégoriques au bonheur éternel ; exécutées dans le goût japonais.

Haut., 1 m. 5 cent.; larg., 75 cent.

70-71 — Deux étagères en bronze, style japonais, dessin simulant les branches de bambou, garnies de glaces. Peuvent se suspendre aux murs, se poser sur des meubles ou dans l'intérieur de vitrines.

Haut., 1 m. 33 cent.; larg., 60 cent.

SIÈGES

72 — Chaise dite de *châtelaine*, à haut dossier en bois sculpté, couverte en cuir, dessin à rosaces et ornements, dit mosaïque, en différents tons et soutachée de broderie, garnie de clous de cuivre découpé et surmontée de deux crosses en bronze finement repercé et ciselé, patinée au vieux ton d'or. Style Renaissance.

Haut., 1 m. 50 cent.; larg., 50 cent.

73 — Chaise dite de *châtelaine*, en bois sculpté, à haut dossier, garnie de cuir vert avec dessin en broderie et application, rosaces et enroulements, dit mosaïque ; le dossier est surmonté de deux pommes de cuivre et le siège est tout orné de clous, à rosaces découpées. Style Renaissance.

Haut., 1 m. 53 cent.; larg., 50 cent.

74 — Canapé en bois de palissandre des îles, orné d'appliques de bronze repercé et doré, et couvert de satin vert olive, brodé de cigognes et de fleurs.

Haut., 98 cent.; larg., 1 m. 40 cent.

75 — Deux chaises en bois de palissandre des îles, ornées d'appliques en bronze repercé et doré, couvertes en satin marron et havane, brodées de soie à fleurs et papillons.

Haut., 90 cent.; larg., 45 cent.

76 — Trois chaises de forme XVIe siècle, en bois de noyer, avec dossiers et dessus en drap vert, couverts de parterres de fleurs, en broderie de soie, surmontées de pommes en cuivre.

Haut., 1 m. 5 cent.; larg., 47 cent.

77 — Chaise analogue aux précédentes, surmontée de pommes en bois.

Haut., 1 m. 5 cent.; larg., 47 cent.

78 — Chaise forme Renaissance, entièrement couverte de satin gros bleu et ornée de broderies à fleurs et arabesques en différents tons, et garnie de franges assorties.

Haut., 89 cent.; larg., 50 cent.

79 — Chaise en bois d'acajou moucheté de style Louis XVI. Le dossier à médaillon, le tour et les pieds sont ornés de bronzes ciselés et dorés.

Haut., 85 cent.; larg., 46 cent.

80 — Deux larges fauteuils style Renaissance, re-

couverts en drap brodé et soutachés, fond gris vert, dessin à rinceaux et feuillages.

Haut., 83 cent.; larg., 72 cent.

81 — Quatre chaises forme Henri II, en bois de noyer, couvertes en cuir rouge, garnies de clous de cuivre, à rosaces et surmontées de pommes en cuivre poli.

Haut., 1 mètre; larg., 47 cent.

82 — Cinq chaises style Louis XIII, en noyer, recouvertes en drap bleu et garnies de clous de cuivre, à rosaces.

83 — Chaise à dossier élevé, en noyer tourné et à moulures, garnie en drap vert, décoré de fleurs et d'ornements en application de velours de couleur.

84 — Canapé, deux fauteuils et deux chaises, recouverts de velours vert frappé, à feuillages en relief sur fond jaune.

85 — Deux chaises légères, en poirier noirci et creusé de fines cannelures; elles sont couvertes en soie brochée et variée de dessins et de nuances.

86 — Chaise entièrement garnie de drap gris, à décor de feuillages et d'ornements Renaissance, en application de velours de couleur.

87 — Fauteuils analogues à la chaise ci-dessus.

88 — Chaise de style chinois, en bois dur, garnie de baguettes de cuivre et couverte en satin vert bronze, à bouquets de fleurs, en broderie de soies.

BRONZES

89 — Très beau support en bronze finement ciselé et repercé, patiné au vieux ton d'or, exécuté dans le goût chinois, formé par trois têtes d'éléphants richement caparaçonnés et décoré de rosaces. Le tablier, au pourtour, forme lambrequin. Dessus en marbre rouge griotte.

Haut., 1 m. 22 cent.; diam., 60 cent.

90 — Jardinière ronde en émail cloisonné de Chine, fond bleu turquoise, avec paysage animé d'oiseaux et d'insectes en couleur; monture en bronze patiné vieux ton d'or, avec gorge finement repercée.

Haut., 54 cent.; diam., 45 cent.

91 — Pendule forme monumentale en marbre rouge griotte et bronze, partie patinée à l'oxyde et partie patinée au vieux ton d'or, avec mouvement suspendu entre quatre colonnettes, cou-

ronnée par un fronton, surmontée du buste de Diane de Poitiers.

Haut., 80 cent.; larg., 55 cent.

92 — Pendule d'aspect architectural, à mouvement suspendu entre quatre colonnes en marbre griotte et bronze finement ciselé et patiné au vieux ton d'or, couronnée par le buste de Diane de Poitiers. Style Renaissance.

Haut., 80 cent.

93 — Grande jardinière forme cul de poule en bronze poli, ornée de lambrequins en bronze repercé et gravé et de deux anses, exécutée dans le style chinois, montée sur support en bois de fer sculpté et découpé à jour, de même style.

Hauteur totale, 1 m. 18 cent.; diam., 40 cent.

94 — Devant de feu en cuivre poli, galerie à balustre, chenets ornés de mufles de lions, à anneaux mobiles, surmontés de boules côtelées. Style Louis XIII.

Haut., 50 cent.; long., 1 m. 15 cent.

95 — Petite étagère en bronze patiné au vieux ton d'or, exécutée dans le style japonais.

Haut., 35 cent.; larg., 65 cent.

96 — Jardinière en bronze genre Japon, décorée de dragons en haut-relief, forme rectangulaire, à anses têtes chimériques, patine jaune.

Long., 45 cent.; larg., 33 cent.

97 — Vase en bronze ciselé et gravé, décoré d'arabesques et de fleurs, patine jaune, frotté dans le goût japonais.

Haut., 44 cent.

98 — Vase en bronze finement ciselé, patiné au vieux ton d'or, richement décoré, autour du col et sur la panse, d'entrelacs et d'arabesques; sur le pied, d'ornements dans le style persan. Forme lampe.

Haut., 80 cent.

99 — Deux plats ronds en cuivre rouge repoussé, représentant des têtes de lions tenant des anneaux auxquels se rattachent des guirlandes de laurier encadrant des écussons. Style Renaissance.

Diam., 45 cent.

100 — Jardinière en bronze genre Japon, à double fond, partie frottée.

Haut., 12 cent.

101 — Bouteille à long col, ornée de fruits et feuillages en guise d'anse, genre Japon.

Haut., 29 cent.

102 — Bouteille à col allongé, en bronze, genre Chine.

Haut., 29 cent.

103 — Vase en bronze genre chinois, couvert de gravures à carrelages et à deux anses.

Haut., 17 cent.

104 — Petit brûle-parfums en bronze genre japonais, couronné par un groupe de chimères.

Haut., 14 cent.

105 — Jardinière style Renaissance, en cuivre repoussé, à corps côtelé, culot à feuille d'acanthe et col orné d'une bande de godrons.

Diam., 72 cent.

106 — Petit vase en bronze de style japonais, à décor de grecques.

107 — Petit brûle-parfums à couvercle surmonté d'un chien de Fô.

108 — Petite jardinière forme baril, à deux anses têtes chimériques et anneaux, élevée sur trois pieds.

109 — Vase à col évasé et à deux anses, de style japonais, à décor de figures et d'animaux en relief.

110 — Grande lampe en bronze de style japonais, à fleurs en relief et arabesques gravées.

111 — Deux vases cylindriques en cuivre battu, décorés, près de l'épaulement, d'une ceinture d'arabesques en relief.

Haut., 56 cent.

112 — Lampe en bronze de style chinois, à ornements en relief et gravés.

113 — Deux vases, forme baril, à décor de papillons et de branches de bambou.

Haut., 34 cent.

114 — Cornet à col très évasé, en bronze uni, garni de deux anses têtes de dragons. Style japonais.

Haut., 26 cent.

115 — Bouteille à deux anses et à piédouche, décorée de grecques et d'ornements gravés.

Haut., 28 cent.

116 — Deux vases à corps ovoïde, décorés de branches de fleurs en relief.

Haut., 24 cent.

117 — Deux vases sphériques à décor de dragons en relief, et anses têtes de chimères.

Haut., 10 cent.

118 — Belle jardinière, à deux anses plates, et son socle octogone en bronze à patine claire, couverte d'arabesques et d'entrelacs gravés. Style persan.

Hauteur, socle compris, 42 cent.

119 — Jardinière ronde, bordure genre bambou, en bronze patiné. Style japonais.

Haut., 16 cent.

120 — Bouteille en bronze gravé. Style chinois.

Haut., 31 cent.

121 — Vase à panse aplatie en bronze genre chinois avec dragons en bas-relief et anses formées de lézards.

Haut., 37 cent.

122 — Vase en bronze, genre chinois, à deux anses têtes chimériques, décoré sur la panse et le long du col de dessins gravés.

Haut., 31 cent.

123 — Vase en bronze gravé, col allongé à deux anses têtes chimériques.

Haut., 30 cent.

124 — Petite jardinière, décor bambou.

Haut., 7 cent.

125 — Petit brûle-parfums en bronze, genre Japon, couronné par une chimère.

Haut., 10 cent.

126 — Petit vase décoré de dragons, de chimères et de tortues, avec anses à lézards.

Haut., 11 cent.

127 — Petite jardinière tripode à deux anses, patine jaune.

Haut., 4 cent.; diam., 9 cent.

128 — Petit vase en bronze, décoré de trois anneaux et de trois médaillons gravés.

Haut., 10 cent.

129 — Petite jardinière rectangulaire, offrant en bas-relief un magot assis sur un sac et divers objets d'ameublement.

Long., 16 cent.; larg., 12 cent.

130 — Bouteille en bronze, patine mordorée, col très fin et allongé, se terminant à côtes.

Haut., 30 cent.

131 — Petite bouteille en bronze, patine jaune, avec dragon enroulé autour du col.

Haut., 15 cent.

132 — Cornet cylindrique en bronze, genre japonais, partie dorée, partie argentée et patinée, décor à fleurs et insectes.

Haut., 13 cent.

133 — Petite jardinière en bronze, genre Japon, décor à fleurs et feuillages, intérieur argenté.

Haut., 8 cent.

134 — Petite jardinière surbaissée, style chinois, patine jaune avec médaillon au dragon.

Haut., 8 cent.

FAIENCES D'ART

135 — Plat rond à décor Renaissance, en bleu et jaune. Au centre, un ombilic à figure de femme, encadré d'une bande de rinceaux sur fond blanc. Au marli, des cariatides ailées et des arabesques en bleu sur champ jaune.

Diam., 36 cent.

136 — Plat à décor polychrome à figures encadrées de rinceaux, d'amours, de vases et de guirlandes sur fond orange.

Diam., 44 cent.

137 — Plat dans le style des faïences d'Urbino de la Renaissance, à décor de grotesques et de médaillons sur fond blanc, avec médaillon central représentant Diane et Actéon.

Diam., 42 cent.

138 — Plat à décor polychrome de style Renaissance; sur l'ombilic, un amour tenant la sphère terrestre.

Sur la chute, des entrelacs émaillés jaune sur fond bleu. Au marli, une frise d'arabesques en bistre sur fond jaune.

Diam., 36 cent.

139 — Plat à décor polychrome. Au centre, un grand médaillon représente Vénus sur les eaux. Il est entouré d'arabesques en bleu sur fond orange.

Diam., 42 cent.

140 — Plat à décor polychrome ; sur l'ombilic, un écu armorié, ressortant sur fond bleu, est entouré d'imbrications à fond blanc. Le marli présente des arabesques en bleu sur champ jaune.

Diam., 37 cent.

141 — Plat offrant au centre une figure de Minerve, en bleu sur fond jaune, et au marli, une bande d'arabesques en camaïeu bleu.

Diam., 32 cent.

142 — Plat à cavité centrale décorée d'un groupe de villageois. Marli à rinceaux et arabesques sur fond gros bleu.

Diam., 30 cent.

143 — Petit vase ovoïde à décor polychrome, de style Renaissance, à l'imitation des faïences d'Urbino.

144 — Petite coupe à deux anses et à ornements gaufrés en relief, émaillée bleu turquoise, dans le goût chinois.

145 — Trois vases à anses, émaillés bleu turquoise, décor à rosaces et lambrequins.

146 — Deux petites jardinières, en forme de bacs, montées sur trois pieds, décor bambou.

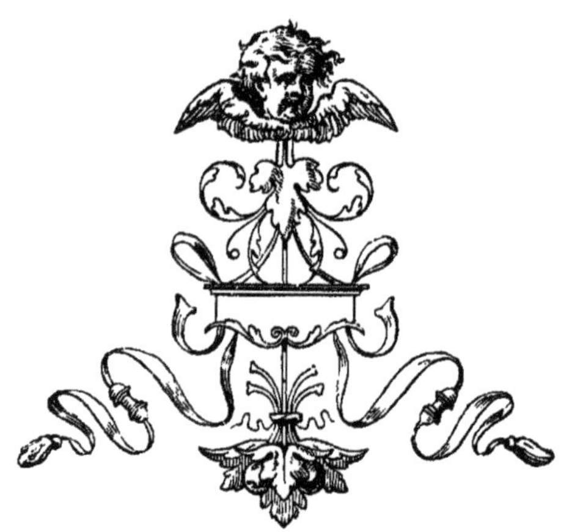

IVOIRE

147 — Jolie statuette en ivoire : *Persée*, d'après Benvenuto Cellini.

Haut., 24 cent.

VITRAUX

148 — Quatre châssis de croisées, en vitraux peints, représentant des alliances d'armoiries avec impostes.

Haut., 2 m. 45 cent.; larg., 50 cent.

149 — Deux châssis de croisées, en vitraux peints, représentant des personnages et des armoiries, avec impostes.

Haut., 2 m. 65 cent.; larg., 50 cent.

150 — Trois vitraux peints, à figures et armoiries. Style XVIe siècle.

Haut., 65 cent.; larg., 50 cent.

ÉTOFFES — TENTURES — BRODERIES

151 — Tablette de cheminée avec riche bandeau en broderie et application multicolore ; dessin à vases de fleurs et rinceaux sur fond de velours bleu paon avec franges de soie assorties.

Longueur du bandeau, 2 m. 30 cent.; haut., 35 cent.

152 — Grand tapis de table en satin mordoré avec superbe bordure en peluche, richement orné de broderies et d'applications en soie et satin de diverses nuances, représentant des cariatides d'amours, des rinceaux enguirlandés de fleurs et autres motifs dans le goût de la Renaissance. Bordé d'une frange de soie assortie.

Long., 2 m. 80 cent.; larg., 2 m. 20 cent.

153 — Quatre très beaux panneaux en satin bleu turquoise, rouge, vert et vieil or, richement brodés de soie à oiseaux dans des paysages fleuris. Dans le goût japonais.

Long., 1 m. 30 cent.; larg., 65 cent.

154 — Tapis de table en peluche rouge avec magnifique bordure et écoinçons en broderie et applications de soie de diverses nuances ; bordé d'une frange assortie. Style Renaissance.

Long., 2 m. 30 cent.; larg., 1 m. 75 cent.

155 — Deux portières en satin vert olive avec bandes, bandeaux et embrasses de style Renaissance, à riche dessin en application et en broderie en satin et velours de différentes nuances avec garnitures assorties.

Portières, haut., 3 mètres ; larg., 1 m. 20 cent.
Bandeau, haut., 50 cent. ; larg., 2 mètres.

156 — Deux très belles portières avec bandeaux en satin gris perle, richement ornées d'applications de satin vieil or avec dessin brodé à rosaces et rinceaux en satin rouge et havane. Le bandeau est garni d'une frange avec passementerie assortie, et les portières sont doublées de soie.

Portières, haut., 3 mètres ; larg., 1 m. 25 cent.
Bandeau, haut., 40 cent. ; larg., 2 mètres.

157 — Six panneaux en soie bleue, verte, rouge et maïs, très richement brodés de soie de différentes nuances à fleurs et oiseaux. Dans le goût japonais.

Long., 1 m. 60 cent. ; larg., 90 cent.

158 — Beau carré en satin bleu marine richement brodé d'oiseaux de paradis et de rinceaux.

Long., 95 cent.

159 — Bande en drap vert avec arabesques en application.

160 — Coussin en drap vert à moitié brodé d'ornements et de fleurs.

161 — Garniture de chaise en drap vert orné d'applications dans le goût de la Renaissance.

162 — Garniture de chaise en drap bleu et vert, ornée de broderies à fleurs. Style Louis XIII.

163 — Cinq belles bandes en velours orné d'applications de satin, dessin dans le goût de la Renaissance.

164 — Trois bandes en velours orné d'application dans le goût de la Renaissance.

165 — Grande bande en satin marron avec applications, dessin Renaissance.

166 — Quatre bandes à quatre carrés en application sur fond de drap vert.

167 — Trois rosaces appliquées sur fond de satin marron.

168 — Bande en satin gris fer avec arabesques en application.

169 — Tablette de cheminée avec bandeau, en drap bleu à décor de fleurons et de feuillages de style

Renaissance en applications d'étoffes de soie de couleurs claires, circonscrites par un cordonnet en torsade.

170 — Garniture composée d'une très grande bande, une moyenne et quatre petites en drap vert orné de riches applications en satin polychrome, dessin Renaissance.

171 — Belle garniture composée de trois grandes bandes en application de satin, dessin Renaissance sur fond de drap vert.

172 — Bande en application de pannes de différentes nuances, dessin à guirlandes de feuilles sur fond de drap vert. Style Renaissance.

173 — Garniture de siège en satin vert olive brodé de fleurs et de branchages. Travail français.

174 — Garniture de siège en satin vieil or brodé à fleurs.

175 — Garniture de siège en satin violet brodé à fleurs.

176 — Deux garnitures de sièges en satin vieil or et vert olive brodées à fleurs.

177 — Garniture composée de deux très grandes bandes, une moyenne et une petite en application de satin polychrome, dessin à arabesques, style Renaissance, sur fond de drap vert.

CUIRS BRODÉS

178 — Trois garnitures de chaises à hauts dossiers en cuir brodé, dessin Renaissance.

179 — Huit garnitures de chaises style Henri II, en cuir brodé à fleurs et rosaces.

180 — Deux garnitures complètes de chaises style Renaissance, en cuir brodé.

181 — Dessus de chaise en cuir bleu, brodé à bouquets de fleurs.

182 — Deux morceaux de cuir de Cordoue.

MEUBLES

Objets d'art — Tableaux

ÉTOFFES, TAPIS D'ORIENT

FORMANT LA COLLECTION

DE

Feu M. Édouard Lièvre

MEUBLES ANCIENS ET DE STYLE

183 — Grand bureau à cylindre en bois d'acajou avec tablettes sur les côtés, orné de cuivre, encadrement à moulures; dessus en marbre blanc avec galerie. Époque Louis XVI.

Haut., 1 m. 23 cent.; larg., 1 m. 25 cent.

184 — Console-support d'applique en bois sculpté et doré, dessin à coquilles et guirlandes avec bandeau à lambrequin. Époque Louis XIV.

Haut., 40 cent.; larg., 38 cent.

185 — Console-support d'applique en bois sculpté et doré, forme à volutes. Style Louis XIV.

Haut., 36 cent.; larg., 27 cent.

186 — Petite console-support d'applique en bois sculpté et doré, dessin partie ajourée. Époque Louis XIV.

Haut., 30 cent.; larg., 22 cent.

187 — Table à pieds tors avec traverses. Époque Louis XIII.

Haut., 70 cent.; larg., 1 mètre.

188 — Deux chaises à haut dossier du temps de Louis XIII, couvertes de tapisserie au point et au petit point de l'époque.

Haut., 1 m. 7 cent.; larg., 50 cent.

189 — Table de style Louis XIII, en bois noirci, à pieds tors et entretoise.

190 — Table-servante en palissandre, avec tablette de marbre griotte.

191 — Table de salle à manger en bois noirci.

192 — Secrétaire Louis XVI en acajou, orné de baguettes de cuivre et à dessus de marbre bleu turquin.

193 — Commode assortie au secrétaire ci-dessus, en acajou et à tablette de marbre turquin.

194 — Petite commode de l'époque Louis XV en bois satiné, garnie de cuivres et à dessus de marbre griotte.

195 — Petit miroir avec cadre en bois sculpté et doré, dessin à feuillage. Travail ancien.

Haut., 45 cent.

196 — Petite console d'applique en bois sculpté et doré, supportée par des cariatides de femmes. Époque Louis XIV.

Haut., 45 cent.; larg., 38 cent.

197 — Deux petits supports japonais carrés et à quatre pieds, en bois noir.

198 — Jardinière surbaissée et rectangulaire en bois du Tonkin, ornée d'incrustations de burgau.

Haut., 12 cent.; long., 30 cent.; larg., 18 cent.

BRONZES EUROPÉENS

199 — Pendule de forme dite religieuse en bois noir, ornée de bronzes, avec cadran en cuivre gravé supporté par des arcades à cariatides ornées de guirlandes. Époque Louis XIV.

Haut., 50 cent.

200 — Très beau lustre à trente-deux lumières, de style Louis XIV, en bronze poli, richement garni de plaquettes, d'étoiles et de pyramides en cristal taillé à facettes.

201 — Flambeau de cuivre bronzé et ajouré, à patine claire, à décor de têtes casquées, mufles de lions, vases de fruits, draperies, bossages et ornements Renaissance.

202 — Suspension en bronze artistique, à lampe et bras porte-lumières.

203 — Pot ancien à anse et à corps ovoïde en cuivre.

Haut., 30 cent.

204 — Deux chenets de style Louis XIII, modèle à boule ajourée et godronnée, sur pieds à volutes, et surmontée d'un vase à fleuron.

205 — Statuette en bronze : Persée, d'après Benvenuto Cellini. Édition Goupil.

Haut., 20 cent.

206 — Petit vase à double fond offrant sur la panse des têtes d'hommes et des peaux d'animaux tombant en draperie. Édition de Barbedienne.

Haut., 10 cent.

207 — Coupe décorée de mascarons et de guirlandes de vigne en bronze, patine dorée. Édition de Barbedienne.

Haut., 8 cent.

208 — Plumier en bronze, forme feuille, et oiseau. Édition de Barbedienne.

Long., 20 cent.

209 — Petit vase, bronze doré et émail cloisonné. Édition de Barbedienne.

Haut., 10 cent.

210 — Petit buste de Lucius Vérus en bronze. Édition de Barbedienne.

Haut., 15 cent.

211 — Petit buste de Diane de Poitiers en bronze. Édition de Barbedienne.

Haut., 14 cent.

212 — Deux petites statuettes en bronze : Sages de la Grèce, de Barbedienne.

Haut., 17 cent.

213 — Paire de flambeaux en bronze doré, décor à feuillages et côtes tourmentées. Style Louis XV.

Haut., 30 cent.

214 — Encrier en bronze, plateau repercé.

Haut., 12 cent.

215 — Petit plateau ovale en bronze de Barbedienne, à patine médaille, décoré, sur le marli et sur les oreilles qui terminent les extrémités, de figures, d'animaux et d'ornements de style antique.

Long., 29 cent.; larg., 15 cent.

216 — Deux flambeaux à tige bambou feuillagée élevée sur trois pieds à griffes. Bronze de Barbedienne.

217 — Deux petits bustes d'empereur romain.

218 — Plusieurs petits bronzes d'art, coupes, etc.

219 — Lanterne à gaz en fer forgé.

BRONZES DE L'EXTRÊME-ORIENT

220 — Vase à gorge très évasée ornée de quatre saillies à branches de bambou et de deux anses avec anneaux mobiles, patine brune.

Haut., 30 cent.

221 — Bouteille à long col, patine jaune clair.

Haut., 36 cent.

222 — Bouteille à col allongé avec anses à feuillages, patine brune.

Haut., 34 cent.

223 — Jardinière forme cylindrique, décorée par compartiments d'oiseaux de paradis avec quatre anses à papillons et anneaux.

Haut., 20 cent.

224 — Beau plateau carré en ancienne laque du Japon représentant une cloche, des perdrix, un paysage, une scie et une légende, décor à rehauts d'or et de couleur sur fond vert tacheté de rouge.

Longueur et largeur, 36 cent.

225 — Petite jardinière surbaissée en bronze ancien du Japon, anses à têtes chimériques.

Haut., 9 cent.

226 — Petite jardinière à quatre faces en bronze du Japon, décor à branches de fruits.

Haut., 8 cent.

227 — Bouteille à long col ornée de fruits et feuillages en guise d'anses, en bronze du Japon.

Haut., 29 cent.

228 — Bouteille à col allongé, en bronze ancien de Chine.

Haut., 29 cent.

229 — Jardinière en bronze du Japon, décor au dragon en bas-relief.

Haut., 10 cent.

230 — Brûle-parfums en bronze japonais, couronné par une chimère, patine noire.

Haut., 18 cent.

231 — Jardinière en bronze du Japon, décor fond à carrelages avec lièvre courant, en haut-relief.

Long., 17 cent.; larg., 14 cent.

232 — Brûle-parfums en bronze du Japon, patine jaune, élevé sur trois pieds, anses à têtes chimériques.

Haut., 13 cent.

233 — Jardinière en bronze japonais, ornée de papillons et de sceptres de mandarin, en bas-relief.

Haut., 11 cent.

234 — Bouteille en bronze de Chine, col gravé.

Haut., 29 cent.

235 — Vase à quatre pans, en bronze ancien de Chine, à deux anses trompes d'éléphants.

Haut., 23 cent.

236 — Vase en bronze du Japon, orné de dragons en bas-relief sur la panse.

Haut., 25 cent.

237 — Vase en bronze chinois, couvert de gravures à carrelages et à deux anses.

Haut., 17 cent.

238 — Vase en bronze du Japon, orné en haut et en bas de lambrequins.

Haut., 18 cent.

239 — Brûle-parfums en bronze du Japon, couvercle ajouré, couronné par un dragon, patine jaune.

Haut., 14 cent.

240 — Vase en bronze du Japon, supporté par trois têtes d'éléphants, offrant autour de la panse et du col des dragons enroulés.

Haut., 28 cent.

241 — Vase en bronze ancien de Chine, décor à lambrequins avec anses à têtes chimériques et anneaux perlés.

Haut., 19 cent.

242 — Soixante-quatre jolies petites appliques incrustées et damasquinées, décors et formes divers. (Sera divisé.)

243 — Jardinière en bronze du Japon, ornée d'insectes, de lambrequins et de grecques.

Haut., 10 cent.

244 — Jardinière en bronze de Chine, avec frises en bas-relief.

Haut., 10 cent.

245 — Jardinière ovale sur quatre petits pieds et à deux anses à enroulements, à pourtour imitant des flots.

246 — Deux pitongs japonais, en fer incrusté d'or et d'argent, à doubles médaillons de plantes sur fond à dessin mosaïque.

247 — Très petit brûle-parfums de bronze à deux anses et à couvercle surmonté d'une chimère.

248 — Autre à couvercle surmonté du chien de Fô.

249 — Deux vases en bronze japonais, simulant un travail de vannerie et supportés par quatre pieds bambous.

Haut., 27 cent.

250 — Coupe de bronze japonais à patine claire, à anses, pieds et bords imitant des bambous.

251 — Autre, d'un modèle analogue, avec couvercle ajouré.

252 — Petit vase à deux anses et sur pied ajouré, à patine brune, simulant un seau en bois.

253 — Petit vase bursaire, à lambrequin sous le rebord en saillie.

254 — Vase à deux renflements, décoré d'une ceinture de feuilles losangées à nervures et grecques en relief.

Haut., 24 cent.

255 — Cornet hexagonal pourvu d'un anneau et décoré du dragon en bas-relief.

Haut., 24 cent.

256 — Cornet à renflement médian et col très évasé, à décor de dragons. Bronze à patine claire.

Haut., 26 cent.

257 — Flambeau à patine brune, composé d'un héron tenant une branche de lotus dans le bec et debout sur une tortue, auprès d'un rocher sur lequel grimpe un singe.

Haut., 40 cent.

258 — Vase à corps surbaissé et long col cylindrique, garni de deux petites anses et décoré de deux zones de grecques et d'ornements en relief.

Haut., 27 cent.

259 — Brûle-parfums en forme de vase bursaire, à deux anses têtes chimériques en relief, décoré au pourtour d'une ceinture de grecques gravées surmontant un lambrequin. Deux dragons sur les flots forment l'ornementation du couvercle, qui est bombé et ajouré.

Haut., 19 cent.; diam., 24 cent.

260 — Brûle-parfums rond et surbaissé, monté sur trois petits pieds toupies et à bord se relevant pour former les anses. Son couvercle, repercé à jour, offre deux médaillons représentant des groupes de personnages, des animaux, des rinceaux.

Haut., 15 cent.; diam., 24 cent.

261 — Deux flambeaux en bronze japonais, supportés par trois trompes fantastiques, fuseaux à fleurs de lotus.

Haut., 30 cent.

262 — Petite jardinière, bordure genre bambou, avec insectes en bas-relief. Bronze ancien de Chine.

Haut., 9 cent.

263 — Petit brûle-parfums tripode en bronze du Japon gravé.

Haut., 11 cent.

264 — Jardinière rectangulaire en bronze du Japon, offrant des dragons en haut-relief, avec anses à têtes chimériques; patine noire.

Long., 45 cent.; larg., 33 cent.

265 — Panier à anse en bronze japonais, décor vannerie.

Haut., 57 cent.

266 — Vase à panse aplatie en bronze ancien de Chine, avec dragons en bas-relief et anses formées de lézards.

Haut., 37 cent.

267 — Vase en bronze chinois à deux anses têtes chimériques, décoré, sur la panse et le long du col, de dessins gravés.

Haut., 31 cent.

268 — Petit vase à quatre faces en bronze ancien de Chine, décoré de carrelages gravés.

Haut., 20 cent.

269 — Vase en bronze ancien du Japon, anses à têtes chimériques, pieds à lambrequins.

Haut., 22 cent.

270 — Jardinière en bronze ancien du Japon, patine jaune.

Haut., 8 cent.

271 — Petite jardinière surbaissée en bronze du Japon, à anses, dessin vannerie.

Haut., 6 cent.

272 — Petit brûle-parfums en bronze du Japon, couvercle grillage.

Haut., 12 cent.

273 — Brûle-parfums en bronze du Japon orné de branches de bambou.

Haut., 22 cent.

274 — Cornet en bronze chinois, patine tachetée.

Haut., 20 cent.

275 — Vase à quatre pans en bronze japonais, avec grosses mouches appliquées sur le col.

Haut., 20 cent.

276 — Petit vase en bronze du Japon, avec tortues en bas-relief.

Haut., 12 cent.

277 — Vase cylindrique en bronze de Chine, fond martelé.

Haut., 17 cent.

278 — Petite bouteille, anses à trompes d'éléphants.

Haut., 11 cent.

279 — Vase pentagonal en bronze de Chine, patine jaune.

Haut., 20 cent.

280 — Cendrier en bronze niellé.

Diam., 8 cent.

281 — Flambeau de pagode, forme pentagonale, en bronze du Japon, patine jaune.

Haut., 30 cent.

282 — Petit vase bronze japonais, décoré de guirlandes et d'arabesques, anses à trompes d'éléphants.

Haut., 15 cent.

283 — Petite jardinière posant sur trois pommes de pin, en bronze ancien de Chine.

Diam., 13 cent.

284 — Paire de vases en bronze du Japon, ornés de branchages et de fleurs, partie en relief et dorée.

Haut., 23 cent.

285 — Petite jardinière, patine fond noir, rehaussée de branches de bambou doré ; intérieur doré.

Haut., 5 cent.; diam., 8 cent.

286 — Brûle-parfums en bronze du Japon, forme hexagonale avec lambrequin en bas-relief et couronné par une chimère.

Haut., 12 cent.

287 — Petit vase allongé, forme cylindre, en bronze du Japon, patine jaune.

Haut., 18 cent.

288 — Petite bouteille panse surbaissée, col allongé, en bronze chinois.

Haut., 15 cent.

289 — Vase en bronze de Chine, niellé d'une grecque autour du col.

Haut., 18 cent.

290 — Vase allongé avec anses, forme branches de bambou, patine jaune. Travail chinois.

Haut., 23 cent.

291 — Deux jolis petits vases en bronze de Chine, patine aventurinée, décor au dragon en bas-relief, partie rehaussée d'or.

Haut., 19 cent.

292 — Jardinière forme cul-de-poule, en bronze ancien de Chine, avec dragon en bas-relief et anses à masques chimériques.

Haut., 10 cent.

293 — Vase en bronze niellé, avec anses à têtes d'éléphants. Travail chinois.

Haut., 19 cent.

294 — Petit vase couvert de dessins gravés, anses à trompes d'éléphants, bronze ancien de Chine.

Haut., 17 cent.

295 — Bouteille en bronze ancien de Chine, avec dragon s'enroulant autour du goulot.

Haut., 20 cent.

296 — Vase en bronze chinois, gravé, frise à lambrequin, partie tachetée d'or.

Haut., 19 cent.

297 — Brûle-parfums cylindrique, patine jaune, supporté par trois têtes d'éléphants et couronné par un éléphant couché. Bronze chinois.

Haut., 15 cent.

298 — Jardinière rectangulaire, en bronze de Chine, patine acier, avec dragons en bas-relief.

Haut., 10 cent.; long., 19 cent.; larg., 14 cent.

299 — Vase en bronze ancien de Chine, orné de deux lézards en haut-relief.

Haut., 22 cent.

300 — Petit brûle-parfums forme fleur, en bronze ancien du Japon.

Haut., 6 cent.

301 — Petit vase à quatre faces, avec anses à jour, col cintré. Travail chinois et ancien.

Haut., 20 cent.

302 — Petite jardinière ronde, posant sur trois pommes de pin, décorée de gravures, dessin grecques. Travail ancien de Chine.

Diam., 15 cent.; haut., 8 cent.

303 — Jardinière de forme cintrée, en bronze ancien de Chine, gravé.

Diam., 18 cent.; haut., 20 cent.

ÉMAUX CLOISONNÉS

304 — Grand et beau vase en émail cloisonné de Chine, fond bleu turquoise, avec arabesques en couleur et orné de quatre anses à papillons et anneaux mobiles.

Haut., 40 cent.

305 — Paire de vases en émail cloisonné de Chine, fond bleu, col fond jaune, à fleurs et arabesques en couleur.

Haut., 39 cent.

306 — Jardinière hexagonale, avec plateau en émail peint de la Chine, décor à personnages et à fleurs.

Haut., 10 cent.

307 — Grande jardinière en émail cloisonné de Chine, fond bleu turquoise, à oiseaux et fleurs en couleur.

Haut., 40 cent.

308 — Petite jardinière en émail cloisonné de Chine, décor fond gros bleu avec caractères en couleur. Socle en bois sculpté.

Haut., 10 cent.

309 — Deux petites bouteilles à panses aplaties en émail cloisonné de Chine, médaillons fond rouge, encadrement bleu turquoise.

Haut., 15 cent.

310 — Petite jardinière en émail cloisonné du Japon, fond bleu cigogne en couleur.

Haut., 6 cent.

311 — Petite jardinière lobée en émail cloisonné du Japon, fond à carrelages et médaillons-fleurs.

Haut., 7 cent.

312 — Deux petites jardinières en émail cloisonné du Japon, décor polychrome.

Haut., 7 cent.

313 — Tasse en ancien émail cloisonné de Chine, fond vert à arabesques de fleurs.

Haut., 7 cent.

314 — Très petite tasse en ancien émail cloisonné de Chine.

Haut., 4 cent.

315 — Très petit plateau en ancien émail cloisonné du Japon.

Diam., 8 cent.

316 — Petit vase cloisonné du Japon, décor oiseaux et fleurs.

Haut., 13 cent.

317 — Deux petits brûle-parfums cloisonnés du Japon, décorés de cigognes sur fond bleu turquoise.

Haut., 8 cent.

318 — Petite bouteille en ancien émail cloisonné du Japon, col fond vert, panse fond blanc.

Haut., 10 cent.

319 — Vase en cloisonné de Chine, fond bleu turquoise, fleurs et arabesques en couleur.

Haut., 20 cent.

320 — Très petite jardinière fond bleu turquoise, dessin en couleur.

Haut., 6 cent.

321 — Deux petits vases de Chine fond bleu turquoise à arabesques, cols fond blanc.

Haut., 15 cent.

322 — Petite jardinière du Japon fond bleu turquoise, poissons en couleur.

Haut., 7 cent.

323 — Petite jardinière du Japon fond bleu turquoise, cigognes en couleur.

Haut., 7 cent.

324 — Bouteille en émail cloisonné de la Chine, à décor de fleurs arabesques en émaux de couleur sur fond bleu lapis. Les anses sont formées de têtes d'éléphants.

Haut., 32 cent.

325 — Paire de vases en émail cloisonné de la Chine, décorés de vases et d'objets mobiliers en émaux polychromes sur fond bleu de ciel.

Haut., 22 cent.

326 — Petit vase, forme potiche, en émail cloisonné du Japon décoré de grues sur fond bleu.

327 — Petit vase de décor analogue, sur fond d'émail gris.

328 — Plat en émail cloisonné du Japon, à décor d'oiseaux et d'arbustes fleuris sur fonds partiels variés de couleur.

LAQUES

329 — Jolie table surbaissée en laque fond brun aventuriné, décor à rehauts d'or représentant des cigognes prenant leur vol au-dessus de bateaux au milieu des flots de la mer. Travail japonais.

Long., 62 cent.; larg., 30 cent.

330 — Socle en laque du Japon, décor représentant des cigognes prenant leur vol au-dessus des flots de la mer.

Long., 48 cent.; larg., 29 cent.

331 — Panneau en laque du Japon, fond noir, avec trophée guerrier à rehauts d'or et de couleur.

Haut., 55 cent.; larg., 43 cent.

332 — Jolie table surbaissée décorée de perroquets et autres oiseaux perchés sur des branches d'arbres, laque en haut-relief or et argentifère.

Haut., 14 cent.; long., 64 cent.; larg., 34 cent.

333 — Petit plateau fond noir, bordure rehaussée d'or avec médaillons à volatiles et bambou jetés au milieu.

Long., 24 cent.; larg., 20 cent.

334 — Jolie table en laque du Japon, à décor d'arbres sur fond aventuriné; elle est garnie d'ornements en cuivre gravé.

Long., 60 cent.

335 — Autre table, ornée sur le dessus de trois médaillons fond noir, à paysages ressortant sur fond aventuriné et clathré en dorure.

Long., 60 cent.

336 — Deux panneaux en laque du Japon, à décor d'oiseaux et d'arbres en dorure sur fond aventuriné.

337 — Petite table japonaise, fond noir, à décor de poissons sur les flots, laqués en relief, dorés et argentés. Elle est garnie d'écoinçons et de plaquettes de cuivre gravé.

Haut., 14 cent.; long., 64 cent.

338 — Coffret en laque fond noir à rosaces en dorure, et oiseau rapporté en ivoire sculpté.

339 — Panneau en bois naturel, à décor de coquillages en relief en émaux de couleur.

340 — Plusieurs plateaux en bois, à décor de plantes et d'ornements en laque.

341 — Plateau fond noir, bordure dorée, et médaillons à paysages rehaussés d'or. Travail japonais.

Long., 25 cent.; larg., 20 cent.

342 — Petit plateau, même forme, décoré d'éventails et de branches de fleurs à rehauts d'or.

Long., 21 cent.; larg., 16 cent.

343 — Petit plateau en bois laqué, par compartiments.

Long., 21 cent.; larg., 15 cent.

344 — Plateau en laque du Japon, fond noir.

Long., 25 cent.; larg., 17 cent.

345 — Petit plateau rectangulaire, fond noir, avec médaillon et éventail rehaussé d'or.

Long., 15 cent.; larg., 9 cent.

346 — Petit plateau fond noir, décoré d'un éventail et de branches fleuries, rehaussé d'or.

Long., 20 cent.; larg., 16 cent.

347 — Deux petits plateaux forme éventails, fond noir, avec médaillons de diverses formes rehaussés d'or.

Long., 15 cent.; larg., 8 cent.

348 — Quatre petits panneaux carrés en bois laqué, décor fleurs et insectes.

Larg., 9 cent.

POTERIES ET PORCELAINES

DE CHINE ET DU JAPON

349 — Deux potiches avec couvercles, en porcelaine du Japon, décor à paysages et oiseaux en bleu sur blanc.

Haut., 37 cent.

350 — Vase à quatre faces en faïence émaillée, décor bleu flambé, anses à têtes chimériques.

Haut., 25 cent.

351 — Petite jardinière fond bleu, avec tortues en relief rehaussées d'or.

Haut., 7 cent.

352 — Petite coupe de Chine fond bleu, décor à cigognes.

Haut., 7 cent.

353 — Deux petites bouteilles vieux Chine, forme persane, décor à dessins variés en bleu sur blanc.

Haut., 17 cent.

354 — Bol de Chine, fond jaune impérial, décor gravé sous couverte.

Haut., 7 cent.

355 — Vase avec plateau en poterie fond gris, décoré de cigognes émaillées blanc et noir.

Haut., 15 cent.

356 — Vase cylindrique, gorge forme plateau, décor à paysages en bleu sur blanc.

Haut., 30 cent.

357 — Petite gourde de Kien-Sihn fond violet, feuillage en bleu.

Haut., 11 cent.

358 — Jardinière de Chine fond jaune, fleurs et feuillages vert et violet.

Haut., 10 cent.

359 — Petite jardinière forme cul de poule, de Chine, décor à arabesques en bleu sur blanc.

Haut., 10 cent.

360 — Panier double en poterie de Chine, émaillé vert et brun.

Haut., 14 cent.

361 — Bouteille à quatre faces, décor polychrome.

Haut., 22 cent.

362 — Paire de bouteilles de Kioto, décor à fleurs et feuillages.

Haut., 21 cent.

363 — Coupe forme panier, de Satzuma, anse genre bambou, décor à fleurs et papillons.

Diam., 20 cent.

364 à 369 — Vingt pièces mignonnettes de Chine et du Japon : coupes, tasses et vases. (Sera divisé.)

370 — Jardinière genre Japon, couleur aubergine.

Haut., 10 cent.

371 — Coupe de Chine forme fleur, décor jaune.

Haut., 8 cent.

372 — Bol de Chine fond bleu, décor au dragon en jaune.

Haut., 8 cent.

373 — Jardinière de Satzuma, décor paysage.

Haut., 16 cent.

374 — Potiche avec couvercle en poterie japonaise fond brun, décor vert.

Haut., 22 cent.

375 — Vase à quatre faces avec anses trompes d'éléphants, de Chine, décor bleu sur blanc.

Haut., 18 cent.

376 — Deux bouteilles du Japon, décor capucine, cols bleu sur blanc.

Haut., 19 cent.

377 — Deux bouteilles à cols élancés, décor violet.

Haut., 22 cent.

378 — Petit vase à panse sphérique, décor jaune craquelé.

Haut., 15 cent.

379 — Vase en poterie chinoise, décor aventuriné fond brun.

Haut., 25 cent.

380 — Vase à quatre faces, de Chine, décor bleu sur blanc avec anses à têtes chimériques.

Haut., 51 cent.

381 — Vase bleu turquoise, truité fin de Chine.

Haut., 18 cent.

382 — Potiche avec couvercle de Kien-Sihn, décor bleu turquoise à arabesques de fleurs en violet.

Haut., 23 cent.

383 — Vase en poterie verdâtre craquelé, décor au dragon de Chine.

Haut., 21 cent.

384 — Petite jardinière ronde surbaissée en poterie de Chine, fond vert, à médaillons feuillages.

Haut., 10 cent.

385 — Petit panier, fond blanc craquelé, décor à fleurs.

Haut., 13 cent.

386 — Paire de vases, forme persane, décor en relief, fond bleu turquoise.

Haut., 50 cent.

387 — Deux cornets en porcelaine de Chine, décor médaillons à personnages, fond à carrelages ; montures en bronze dans le style chinois.

Haut., 37 cent.

388 — Petit bol de Kanga, décor rouge.

Haut., 7 cent.

389 — Petite bouteille de Chine, décor bleu sur blanc.

Haut., 13 cent.

390 — Deux bouteilles vieux Chine, décorées d'objets d'ameublement en bleu sur blanc.

Haut., 25 cent.

391 — Deux petites jardinières à quatre faces, de Chine, décor bleu et blanc, dessin grecques.

Haut., 9 cent.

392 — Petit vase en céladon gris craquelé, décoré en bleu d'un cavalier et d'un porte-étendard.

393 — Potiche à décor de fleurs en bleu, en porcelaine moderne du Japon.

394 — Paire de petits vases coniques, en Japon, décorés en bleu et décorés à la base de feuilles en relief.

395 — Bassin en porcelaine du Japon, décoré en bleu.

396 — Vase en porcelaine moderne de la Chine, décor à mandarins, en émaux de couleur.

397 — Deux vases, à deux renflements, forme gourdes, en porcelaine moderne de Chine, à décor de branchages en bleu sur fond émaillé jaune.

398 — Bol lobé, en porcelaine moderne de Chine, à décor de dragons, en bleu sur fond jaune impérial.

399 — Coupe carrée, à décor de rinceaux en rouge de fer ; intérieur émaillé bleu turquoise.

400 — Petit vase, forme baril, en grès émaillé, à ornements en relief, bleu clair sur fond gros bleu.

401 — Vase à décor de rosaces et de nervures en relief, émaillé bleu d'azur.

402 — Jardinière ronde, en Japon moderne, à grosses fleurs en réserve sur fond bleu, semé de petits rinceaux.

403 — Seau en même porcelaine, décor oiseaux et flots en bleu.

404 — Vase en porcelaine, décoré de branches d'arbres et de papillons, dans le goût chinois.

405 — Vase en poterie du Japon, fond jaune, à décor d'oiseaux et de bambous, en émail blanc et encre de Chine.

406 — Vase à anses dragons, en poterie du Japon, fond blanc, à décor de fleurs et de grues en émaux de couleur, avec rehauts d'or.

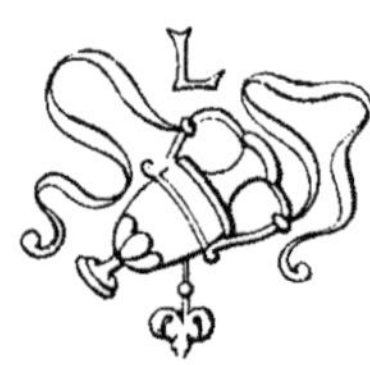

POTERIES EUROPÉENNES

407 — Deux vases cylindriques, en poterie émaillée bleu turquoise, décor à lambrequins.

Haut., 48 cent.

408 — Vase en faïence de Deck, décor bleu turquoise, à oiseaux, fruits et feuillages en couleur.

Haut., 30 cent.

409 — Jardinière ronde en faïence de Deck, fond bleu turquoise, dessin sous couverte. Style chinois..

Haut., 18 cent.

410 — Vase cylindrique, décor fond bleu, avec frise à arabesques. Genre persan.

Haut., 55 cent.

411 — Petite jardinière tripode, fond bleu turquoise flambé. Genre chinois.

Haut. 10 cent.

412 — Petit panier en faïence émaillée, fond brun, décor à fleurs.

Haut., 15 cent.

413 — Plaque rectangulaire, en faïence, représentant la Descente de croix.

Haut., 34 cent.; larg., 45 cent.

414 — Bouteille de Delft, décor en bleu à fleurs et feuillages.

OBJETS DIVERS

415 — Bénitier formé par une plaque en émail, représentant le Christ expirant, entouré de Saintes Femmes. Signé du monogramme G. P. Cadre en bois d'ébène, orné de bronzes finement repercés et dorés, dessin dit dentelle. Monture d'Édouard Lièvre.

416 — Quatre boîtes plates et rectangulaires, en bois dur, à couvercles décorés de figures, en bas-relief, en ivoire et bois de couleur, sculptés et gravés.

417 — Tasse en corne sculptée, à décor d'arbustes et d'inscriptions en relief.

418 — Six écrans en bois, rehaussé de peintures chinoises, avec glands de soie.

419 — Quatre écrans en bois, montures palissandre,

rehaussés de peintures chinoises, avec glands de soie.

420 — Porte-bouquet de Venise, violet, orné d'ailerons.

Haut., 35 cent.

421 — Coupe en cristal gravé, décor à guirlandes.

Haut., 12 cent.

TABLEAUX — DESSINS

COUTURE

(D'après)

422 — *Tête.*

Étude par Édouard Lièvre.

Toile. Haut., 65 cent.; larg., 80 cent.

COUTURE

423 — *Tête du fauconnier.*

Étude.

Toile. Haut., 35 cent.; larg., 27 cent.

COUTURE

(T.)

424 — *Femme nue.*

Esquisse.

DELACROIX

(E.)

425 — *Un Tigre.*

Plume et aquarelle.

ELZHEIMER

(A.)

426 — *Paysage.*

Dessin à la plume.

FEYEN-PERRIN

427 — *Danseuse.*

Dessin.
Etude.

Haut., 65 cent.; larg., 45 cent.

FROMENTIN

428 — *Cheval en liberté.*

Dessin. Étude.
Provient de la vente de l'artiste.

Haut., 47 cent.; larg., 55 cent.

GAVARNI

429 — « *Attend sa bichette* ».

Aquarelle.

430 — « *Bon Dieu ! six pour cent, pas davantage... et une petite commission.* »

Plume avec rehauts de blanc.

JACQUEMART

431 — *Fleurs.*

Aquarelle.

Haut., 30 cent.; larg., 27 cent.

JORDAENS

(D'après)

432 — *Allégorie de la Fécondité.*

Aquarelle par Édouard Lièvre, d'après le tableau du musée de Bruxelles.
Signé et daté 1847.

Haut., 40 cent.; larg., 55 cent.

LIÈVRE

(ÉDOUARD)

433 — *Le Petit Poucet et ses frères égarés dans la forêt.*

Esquisse du tableau exposé au Salon de 1861.

Toile. Haut., 75 cent.; larg., 90 cent.

LIÈVRE

(ÉDOUARD)

434 — *L'Embarquement pour Cythère,* d'après WATTEAU.

LIÈVRE

(ÉDOUARD)

435 — *Le Duc d'Orléans passant une revue*, d'après E. Lami.

436 — *La Baigneuse*, aquarelle d'après Tassaert.

437 — Plusieurs études de fleurs et de paysages.

MOYSE

438 — *Un Moine.*

RUBENS

(D'après)

439 — *L'Adoration des Rois Mages.*

Dessin.

Haut., 45 cent.; larg., 35 cent.

VERNIER

(ÉMILE)

440 — *Marine.*

Bois. Haut., 40 cent.; larg., 60 cent.

ÉCOLE ITALIENNE

441 — *Scène allégorique à la mort de Caton.*

Toile. Haut., 70 cent.; larg., 88 cent.

442 — Fac-similé imprimé en couleur d'une aquarelle de Meissonier.

443 — Fac-similé d'après Rembrandt.

TENTURES — ÉTOFFES

444 — Très belle pièce de tenture en soierie rose pâle richement brodée d'arabesques et d'oiseaux encadrant des médaillons à chimères. Travail chinois et ancien.

Long., 3 mètres; larg., 2 mètres.

445 — Coussin carré en satin gros bleu brodé, de Chine ; dessin à personnages.

Long., 65 cent.; larg., 60 cent.

446 — Petit panneau en velours ; dessin à parterre de fleurs.

447 — Bande en ancien brocart gris pâle ; dessin à grands ramages.

448 — Bande en satin rayé et broché à guirlandes de fleurs, fond vert d'eau. Époque Louis XVI.

449 — Chasuble en brocatelle, XVIe siècle; dessin à fleurs et arabesques.

450 — Quarante-huit jolis carrés de satin bleu marine richement brodés d'or et de soie, représentant des sujets allégoriques à personnages, oiseaux et autres animaux. Travail japonais. (Sera divisé.)

451 — Écran japonais représentant des coqs et des poules sur fond de soie bleue.

Haut., 80 cent.; larg., 90 cent.

452 — Jolis carrés de satin bleu turquoise représentant des oiseaux et des personnages ; sujets divers en broderie d'or et de soie. Travail japonais. (Sera divisé.)

453 — Carré en satin noir brodé, à boîtes et bonbonnières.

454 — Écran en velours noir brodé de médaillons forme éventail, à figures et ibis.

455 — Carré en satin rose brodé de masques et d'objets d'ameublement.

456 — Trois carrés en crêpe de Chine et en satin rose de différents tons, brodés d'oiseaux et de fleurs en soie.

457 — Carré en damas vert, brodé de chimères et fleurs en or et en soie.

458 — Carré en reps de soie havane, tissé de cigognes en tons variés.

459 — Carré en soie havane claire, brodé de cigognes et de feuillages en soie de différents tons.

460 — Carré en damas de soie rouge, brodé d'or et de soie à fleurs de pêchers et cordelières.

461 — Quatre carrés en soie de différentes nuances à sujets brodés et tissés.

462 — Bel écran en satin gros bleu, représentant des scènes à personnages, brodé d'or et de soie.

463 — Dix-neuf carrés en satin bleu et rouge, richement brodés de sujets variés et d'animaux en soie et or. (Sera divisé.)

464 — Bandeaux en satin rouge brodés à fleurs et objets d'ameublement en or et soie. Travail chinois.

465 — Deux embrasses en satin vert avec inscriptions chinoises brodées.

466 — Costume de femme en satin blanc broché à fleurs. Époque Louis XV.

467 — Petite casaque en soie rose brochée à fleurs. Époque Louis XV.

468 — Bandeau en velours de Gênes rouge, dessin ton sur ton.

469 — Bandeau en broderie de perle sur fond de brocatelle.

470 — Étoffes diverses anciennes et modernes. (Sera divisé.)

471 — Cinq panneaux en satin noir brodés d'oiseaux. Travail japonais.

Haut., 1 m. 40 cent.; larg., 60 cent.

472 — Panneau en soie noire brodé d'oiseaux et de fleurs. Travail japonais.

Haut., 1 m. 65 cent.; larg., 90 cent.

473 — Grand paravent chinois à feuilles brodées en soies multicolores, avec rehauts de fils dorés, à décor de fleurs et d'oiseaux sur champs de couleur variés.

Haut., 1 m. 80 cent.

474 — Paravent à six feuilles en soierie brodée de Chine, dessin à cigognes et fleurs.

Haut., 1 m. 80 cent.; larg., 3 m. 60 cent.

TAPIS D'ORIENT

475 à 509 — Trente-cinq jolies carpettes anciennes d'Orient de différentes grandeurs et de dessins variés. (Seront vendues séparément.)

510 — Objets non catalogués.

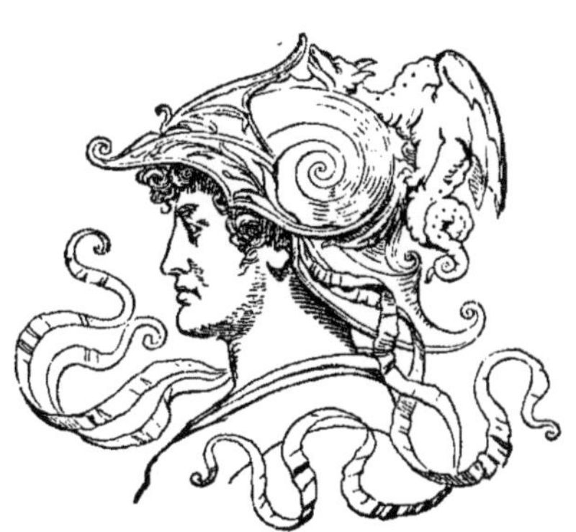

www.ingramcontent.com/pod-product-compliance
Ingram Content Group UK Ltd.
Pitfield, Milton Keynes, MK11 3LW, UK
UKHW020333180726
13839UKWH00002B/687

9 782329 512747